Chris Hellier
Klöster in Griechenland

Chris Hellier

Klöster in Griechenland

Aus dem Englischen
von Udo Rennert

Droemer Knaur

Meinen Eltern, Margaret und Lyndon, in Liebe und Dankbarkeit

Die Deutsche Bibliothek – CIP-Einheitsaufnahme
Klöster in Griechenland / Chris Hellier. Aus dem Engl. von Udo Rennert. – München: Droemer Knaur, 1996
Einheitssacht.: Greek monasteries <dt.>
ISBN 3-426-26918-X

Die Folie des Schutzumschlags sowie die Einschweißfolie sind PE-Folien und biologisch abbaubar. Dieses Buch wurde auf chlor-und säurefreiem Papier gedruckt.

Konzeption und Produktion: KEA Publishing Services Ltd., London
Karten: Andras Bereznay

Umschlaggestaltung: Sigfried Schiller
Satz: Ventura Publisher im Verlag
Druck und Bindung: Amilicare Pizzi, Mailand
Printed in Italy
ISBN 3-426-26918-X

5 4 3 2 1

Danksagung

Während meiner Arbeit an diesem Buch haben mir zahlreiche Menschen ihre Hilfe und Gastfreundschaft gewährt, denen ich zu Dank verpflichtet bin. Als erstes möchte ich den Mönchen selbst danken, vor allem Mönch Jakovos, dem polyglotten Pförtner des Iviron-Klosters auf dem Athos, und dem fröhlichen Eremiten Vater Alexandros, die mich in das Leben des Heiligen Berges von heute eingeführt haben. Mein Dank geht auch an die unzähligen Beamten, Regierungsbaumeister, Historiker und andere, die mir bei meinen Besuchen der Klostermuseen behilflich waren. Ganz besonders zu erwähnen sind hier Nikos Kostopoulos und Vassilis Tseghis.

Ein Großteil der Vorstudien zu diesem Buch fand in den Bibliotheken der British School of Archaeology und der Ecole Français d'Archéologie in Athen statt, beides altehrwürdige Institutionen, sowie in meinem gewohnteren Revier, der British Library in London. In Athen fand ich besonders tatkräftige Unterstützung bei Penelope Wilson, der Bibliothekarin der British School, die sogar ein wichtiges Buch vom Buchbinder zurückholte, so daß ich es noch einsehen konnte, bevor ich nach London zurückkehrte.

Daneben möchte ich allen Mitarbeitern von KEA meinen Dank aussprechen: meiner Lektorin Judy Spours für ihre wertvollen Anmerkungen zum Text; Elizabeth Harcourt, die für einen reibungslosen Ablauf sorgte; und Francesco Venturi, dem Fotografen und Verleger. Es war wieder ein Vergnügen, mit ihnen zusammenzuarbeiten. Ferner danke ich Wendy Thompson, die einige der frühen Fassungen durchgelesen hat. Und wie immer gilt mein besonderer Dank meiner Frau Joëlle, die mich geduldig unterstützt und immer wieder die verschiedenen Entwürfe gelesen hat, und unserer Tochter Naomi, die – zuweilen widerwillig – die längeren Phasen meiner Abwesenheit von zu Hause während meiner Besuche in Griechenland und London ertragen hat.

Chris Hellier
Aix-en Provence
1995

FRONTISPIZ:
Das Kloster zur Darstellung der Muttergottes auf der Insel Amorgos.

Inhalt

KLÖSTER AUF DER ATHOS-HALBINSEL

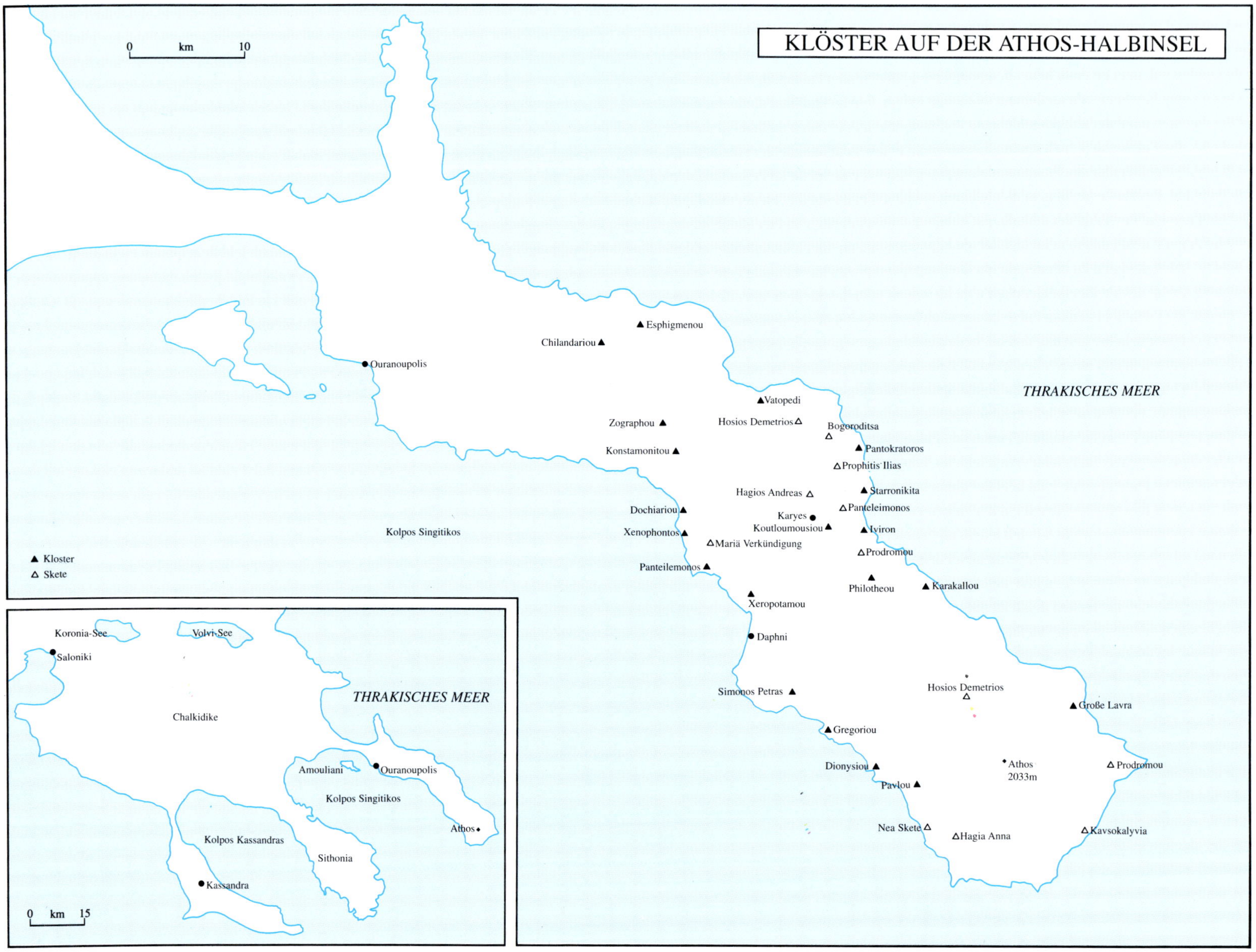

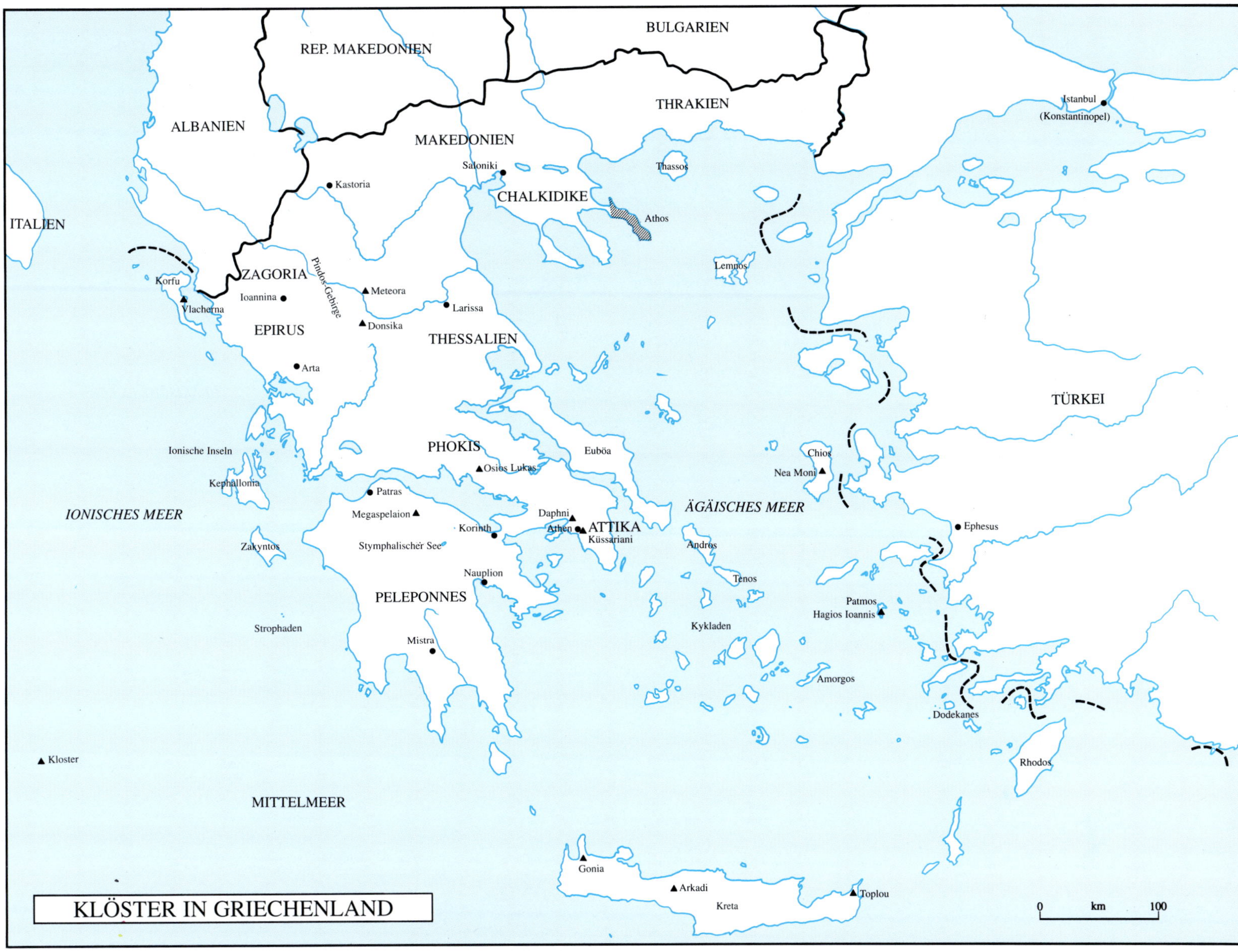

KLÖSTER IN GRIECHENLAND

Aus der Wüste

Eine ekstatische Ruhe, gleichmäßiger als Perlen, breitete sich über dem Wasser aus, unterbrochen nur von der schwarzen Gestalt eines garnelenfischenden Mönchs, der sein Habit bis über die Knie hochgesteckt hatte. Im Hintergrund, über einem tiefen Feld, das parkartig mit einzelnen Bäumen bestanden war, erhob sich das Kloster, von dem hier und da eine kleine Kuppel mit Bleidach aufragte und das einem großen Landhaus ähnlich sah.

Robert Byron über das Iviron-Kloster, August 1927

Fast siebzig Jahre nach Robert Byrons Aufenthalt im Iviron-Kloster, einem der zwanzig Großklöster auf der schmalen, langgestreckten Halbinsel Athos, saß ich an einem Junimorgen am Landungsplatz des Klosters und lauschte der Stille. Das Meer war unbewegt, und zwei schwarzgekleidete Gestalten warteten auf das Frühboot. Seit Byrons Besuch hatte man aus dem parkartigen Feld einen Gemüsegarten gemacht, und in den Aufenthaltsräumen der Mönche wurden gerade dringend notwendige Reparaturen ausgeführt. Doch insgesamt schien sich seither wenig geändert zu haben. Ich hatte einen alten Mönch kennengelernt, einen verhutzelten neunzigjährigen Greis mit langem Druidenbart, der ein Jahr vor Byrons Besuch in dieses Kloster eingetreten war und es seitdem nicht mehr verlassen hatte. Die siebzig Jahre waren in Gebet und Meditation dahingegangen. Er schien verwirrt und gedankenverloren. Er fuhr mit knochigen Fingern durch seinen Bart und murmelte vor sich hin: »Ein Leben ist nicht lang, nicht lang.«

Nachdem ich meinen »Pilgerausweis«, den ich zuvor bei der Behörde der Mönchsrepublik beantragen mußte, vorgezeigt hatte, hieß man mich im Iviron willkommen. Die Mönche erwarteten von mir, daß ich mich an den regelmäßigen Gottesdiensten beteiligte und mich dem Rhythmus des Klosterlebens anpaßte. Gleich am ersten Morgen wurde ich um halb sechs Uhr von einem Pochen an der Zellentür geweckt, und noch leicht schlaftrunken begab ich mich rasch in die aus dem 16. Jahrhundert stammende Kirche Mariä Himmelfahrt. Als nichtorthodoxer Gast durfte ich den Naos, den Hauptraum der Kirche, nicht betreten, und so stand ich im bemalten Narthex, der Vorhalle, die Neulingen und – in nichtklösterlichen Kirchen – Frauen und Kindern vorbehalten ist, und folgte dem Gottesdienst von den hinteren Kirchenstühlen aus.

Einzeln oder in Grüppchen trafen Mönche und orthodoxe Pilger nach und nach in der Kirche ein, und ihre Schritte hallten auf dem Steinboden wider. Sie verharrten an der Schwelle, schlugen ein weites Kreuz von der Stirn zum Bauch, von rechts nach links, und fielen danach vor einer grellbunten Darstellung der Muttergottes mit dem Jesusknaben auf die Knie und küßten beide Figuren sanft, bevor sie schweigend im inneren Kirchenraum verschwanden. Dort drinnen flackerten Kerzen im Dämmerschein, und

GEGENÜBER:
Das Katharinenkloster am Fuß des Bergs Sinai, im 6. Jahrhundert vom byzantinischen Kaiser Justinian I. erbaut, beherbergt noch immer eine kleine Schar griechischer Mönche.
Das an der Stelle des brennenden Dornbuschs errichtete Kloster, seit jeher ein bedeutendes Ziel für Pilger, wird von den schroffen Gipfeln des Bergs Sinai beherrscht, auf dem Moses von Gott die Gesetzestafeln empfing.

Griechisch-orthodoxes Kreuz und Palmen als Relief an einer Mauer des Katharinenklosters.

die Luft war schwer vom Geruch des verbrannten Wachses. Ein Pope in weitem Umhang, der von einer Schärpe gehalten wurde, begann die Litanei zu singen, eine leiernde Melodie aus acht Tönen, an der sich seit den Tagen von Byzanz wenig geändert hatte. Nach einer Stunde erreichte der Gottesdienst seinen Höhepunkt, als der Pope im Bewußtsein göttlicher Sendung durch die Kirche schritt und ein Weihrauchfaß schwang.

Noch bevor die Feier beendet war, verließen die ersten Mönche die Kirche, und als der Pope sein Räucherfaß zum letztenmal schwenkte, wurde ich aus der Vorhalle hinaus und über die Treppe zum Gästeflügel hinauf in einen schmucklosen, weißgekalkten Speisesaal geführt, die sogenannte Trapeza. Das erste Mahl des Tages bestand aus altbackenem Brot, ein paar schrumpligen Oliven und dünnem, lauwarmem Kaffee. Ich hatte Mühe, die trockene Gabe herunterzubekommen, doch die Mönche dankten Gott für ihre bescheidene Kost. Danach erhielt ich ein kleines Bildchen des kostbarsten Besitzes des Klosters, einer Ikone aus dem 10. Jahrhundert, der Panagia Portaïtissa, der »Muttergottes Pförtnerin«, das sich in einer kleinen Kapelle im Haupthof befand.

Später an diesem Morgen sollte ich die echte Ikone zu Gesicht bekommen, als der joviale Pförtner und Gästebetreuer, der Mönch Iakovos, den fremden Besucher unter seine Fittiche nahm. Als wir die Kapelle betraten, mußte er sich bücken, denn er war ein großgewachsener Mann; er trug eine Brille mit dicken Gläsern und Stiefel in Übergröße. Wir standen vor der verehrten Portaïtissa. »Achten Sie einmal darauf«, sagte er, »wie die Augen Ihnen überallhin folgen, wenn Sie in der Kapelle herumgehen.«

Ich machte einen Versuch und mußte zugeben, daß es tatsächlich so schien, als blickten mich die Augen des Bildes an, wo immer ich mich gerade befand. Allerdings war die Kapelle sehr klein, vielleicht vier mal vier Meter groß, und die Sache ließ sich vermutlich ganz einfach durch einen Effekt des Lichts oder die Wahl einer geeigneten Perspektive erklären; doch für die Gläubigen wohnen der Ikone Wunderkräfte inne. Angeblich hat eine Kopie davon im 17. Jahrhundert die an einer Krankheit leidende Tochter des russischen Zaren Alexej geheilt, und Generationen von Pilgern haben zu Füßen des goldüberzogenen Bildnisses kleine Gaben, hauptsächlich Uhren, Medaillons und Goldmünzen, zurückgelassen. Iakovos erläuterte gerade die vermutliche Herkunft der Ikone aus Konstantinopel, als ein junger Mönchspriester, Pater Ieremia, die Kapelle betrat und seinem Mitbruder etwas ins Ohr flüsterte.

»Die Kapelle muß jetzt gefegt werden«, sagte Iakovos einfach. »Und ich muß wieder in meine Zelle.« Ich verstand die Unterbrechung als ein Zeichen, daß ich jetzt die Mönche sich selbst überlassen sollte, und mit dem Bildchen der Portaïtissa in der Brusttasche schulterte ich meinen Rucksack und machte mich auf den Weg; ein schmaler Maultierpfad im Schatten von Krüppeleichen und Kastanien sollte mich zum größeren Kloster in Vatopedi weiter nördlich an der Küste bringen.

In Griechenland hatte früher einmal jeder »Nomos« (Verwaltungsbezirk) sein eigenes Kloster wie Iviron oder Vatopedi, und häufig war dies das imposanteste und am reizvollsten gelegene Bauwerk in der Region. Heute ist nur noch ein Bruchteil der Klöster aus der Blütezeit klösterlicher Macht im Mittelalter erhalten. Doch es gibt noch rund 200 von ihnen, die im Land verstreut sind, von der inneren Peloponnes bis zu den schmalen Halbinseln Südmakedoniens, von den Höhen Thessaliens bis zu den abgelegensten griechischen Inseln. Sie sind, wie Robert Curzon in den dreißiger Jahren des vorigen Jahrhunderts schrieb, »die ältesten erhaltenen Exemplare einer einheimischen [griechischen] Architektur«. Viele von ihnen sind klein und aufgegeben; andere sind nur noch durch einen seidenen Faden mit der klösterlichen Tradition verbunden. Einige der größeren Zentren haben in den letzten Jahren einen gewissen Aufschwung erlebt, während andere dem Ansturm einer neuen Spezies von »Urlaubspilgern« erliegen.

Der frühere Reichtum der Klöster und ihre zentrale Bedeutung für den griechisch-byzantinischen Geist sind noch immer an ihren reichen Schätzen, kostbaren Archiven und ihren prächtig bemalten Kirchenwänden abzulesen. Die Mönche von heute, die jungen wie die alten, werden noch immer von einer Tradition angezogen, die so alt ist wie das Christentum selbst. Doch was bewegt Männer und Frauen dazu, diese eigenartige Lebensweise anzunehmen, sich auf der Suche nach Gott von der Welt zurückzuziehen? Und welches waren die Ursprünge einer Mönchsbewegung, die eine so tiefreichende Wirkung auf die griechische nationale Seele ausüben sollte?

Das Wort »Mönch« kommt aus dem griechischen *monachos*, »alleinlebend«, und geht auf die Zeit zurück, als das Griechische noch die Sprache der christlichen Kirche war. Die frühesten Gemeinschaften christlicher Einsiedler ließen sich ab dem 3. Jahrhundert in abgelegenen Regionen Ägyptens und Syriens nieder. Sie folgten den Lehren der »Wüstenväter«, deren Frömmigkeit und Lebensführung für die Entwicklung der Klosterbewegung in der gesamten Levante und für die restliche christliche Welt bestimmend wurden. Der strengste der Gründungsväter war vermutlich der heilige Antonius, ein koptischer Christ, dessen »visio Dei« seine Bewegung von der damaligen Kirche unterschied. Als junger Mann beschloß Antonius um 275 n. Chr., ein Leben in Askese zu führen. Nach einem fünfzehnjährigen Noviziat zog er sich für zwanzig Jahre in eine verlassene Burg zurück und begründete damit eine Tradition, die für das Mönchtum von grundlegender Bedeutung werden sollte.

Der Ruf Antonius' verbreitete sich schnell, weitere Eremiten sammelten sich um ihn, und um 305 n. Chr. gründete er die erste halberemitische Gemeinschaft. Unter seiner Leitung und der seines Schülers Makarios lernten die Eremiten die Lebensführung der *askesis**, bevor sie ihrerseits als Lehrer auftraten, um das Wissen von den Regeln dieser Lebensweise zu verbreiten. Die Lehren des Antonius erlaubten unterschiedliche Grade der Weltabgeschiedenheit. An den Wüstenrändern Unterägyptens taten sich seine Anhänger zu zweit und zu dritt zusammen, lebten allein in schmutzigen Höhlen oder bildeten kleine Kolonien, die man als *laura* oder *lavra* bezeichnete, nach dem griechischen *lavra* für »enge Gasse«. In ihren Lavren hatten die Mönche eigene Zellen oder Höhlen,

* Ein Glossar zu den im Text verwendeten Fachausdrücken findet sich im Anhang.

FOLGENDE SEITEN:
Das Hallaç-Kloster aus dem 11. Jahrhundert, eines von vielen Klöstern, die aus dem weichen Tuffstein Kappadokiens herausgehauen wurden. Kappadokien, ehemals byzantinische Provinz in der Umgebung des heutigen Göreme in der Zentraltürkei, war im Mittelalter die Heimat einer großen Mönchsgemeinde und ein bedeutendes Zentrum provinzieller Kunst.

Diese einzeln stehende Klause eines Eremiten, in einen Tuffkegel gehauen, vermittelt einen Eindruck von der eigenartigen Lebensweise der frühen Einsiedler in Kappadokien.

In den gewaltigen Felsmonolithen der Meteora erinnern die Überreste von Einsiedlerklausen, wenig mehr als zerbrechliche Holzplattformen, die an den Felsen kleben, an die Blütezeit des asketischen Lebens in dieser Region.

holten Wasser aus einem gemeinsamen Brunnen, backten Brot in einem gemeinsamen Ofen und versammelten sich ein- bis zweimal in der Woche zum Gebet.

Ein naher Zeitgenosse des Antonius, der hl. Pachomios (ca. 290 – 346), begründete eine stärker an der Gemeinschaft orientierte Form des Mönchtums, das sogenannte Koinobitentum. Während seiner Jugendjahre lebte Pachomios als heidnischer Einsiedler des Gottes Serapis in der Thebais, konvertierte jedoch bald zur neuen Religion des Christentums. Später diente er im byzantinischen Heer, wo er Erfahrungen in Organisation und Gruppendisziplin sammelte, was möglicherweise seine Vorstellungen von einem mönchischen Leben beeinflußt hat. Im Jahr 320 gründete er nach dem Vorbild des Antonius das erste echte Kloster in der christlichen Welt in Tabennisi am Nil. Weitere Gemeinschaften entstanden bald in Oberägypten, wo die Mönche gemeinschaftliche Küchen und Speisesäle hatten und ihren Tag auf der Grundlage von Gebet, Bibellesung und erforderlichen Arbeiten nach einem strengen Plan einteilten. Von dieser Lebensweise fühlten sich Männer und Frauen gleichermaßen angesprochen. Das Klosterleben war zu keiner Zeit eine reine Männersache. Als Antonius sich für ein Leben in Abgeschiedenheit entschloß, schickte er sogar seine jüngere Schwester in eine klösterliche Gemeinschaft von Jungfrauen, die bereits bestand, noch bevor er und Pachomios ihre eigenen Gemeinschaften gegründet hatten.

Die Klosterbewegung breitete sich in Ägypten und außerhalb sehr schnell aus, so daß es nach einem zeitgenössischen Chronisten im 4. Jahrhundert »keine Stadt und kein Dorf in Ägypten oder der Thebais [gab], die nicht von Einsiedlerklausen umgeben wären«. In Syrien verschmolzen christliche Praktiken mit asiatischen asketischen Ritualen, wenn die Mönche ihren Körper durch Selbstzüchtigung kasteiten. Zu ihnen gehörten die Säulenheiligen (»Styliten«) wie der hl. Symeon Stylites der Ältere (395–461), die ihr Leben auf dem Kapitell von Säulen zerstörter heidnischer Tempel zubrachten. Andere Eremiten lebten von Kräutern wie das Vieh oder beluden sich mit schweren Gewichten. Am seltsamsten benahmen sich wohl die Dendriten, die sich jahrzehntelang in den Zweigen von Bäumen festketteten.

Diese im wesentlichen orientalischen Praktiken sprachen besonders die Eremitengemeinschaften in der Levante an. Es gab jedoch auch äußere Faktoren, die die frühe Klosterbewegung begünstigten. Diese stellte vor allem eine Flucht aus der sündigen Welt dar. Die Mönche predigten gegen die öffentlich und privat geübte Sünde und eine dekadente Gesellschaft. Nur indem er sich dem normalen Leben entzog, so glaubten viele, konnte der Fromme in der Nachfolge Christi leben und Erlösung finden.

Das Klosterleben besaß große Anziehungskraft, und die wachsende Zahl der Mönche stellte die Behörden bald vor politische Probleme. Zum Ende des 4. Jahrhunderts gab es allein in Ägypten 7000 Pachomianer und weitere 5000 Mönche im Natrontal, die nach der Regel des Antonius lebten. Der arianische Kaiser Valens (reg. 364–378) mißbilligte nicht nur die Religion der Mönche, er stand auch ihrem Einfluß auf die Bevölkerung mißtrauisch gegenüber, und er hielt ihren Lebenswandel für eine Vergeudung menschlicher Ressourcen. Er ließ zum Beispiel junge und wehrfähige Asketen aus dem Natrontal zum Heer einziehen. Doch diese Maßnahmen konnten insgesamt gegen die wachsende Mönchsbewegung nur wenig ausrichten.

Nicht alle Mönche waren so fanatisch wie die ägyptischen Pioniere oder die syrischen Eremiten. In Kleinasien nahm das koinobitische (gemeinschaftliche) Mönchswesen unter den Lehren von Basileios dem Großen (329–379), Bischof von Kaisareia (dem heutigen Kayseri in Zentralanatolien), großen Aufschwung. Um das Jahr 360, als er kaum das 30. Lebensjahr überschritten hatte, zog er sich nach Annesi im Pontusgebirge zurück, wo er für seine Form des gemeinschaftlichen Mönchslebens strenge Regeln nach dem Vorbild des Pachomios aufstellte. Nach dem Modell des Basileios lebten die Mön-

IC XC
NI KA

che gemeinsam, aßen gemeinsam, arbeiteten Seite an Seite und kamen sechsmal am Tag in der Kirche zusammen, um dort zu beten. In den basilianischen Gemeinschaften mußten asketische Übungen hinter der Arbeit, hauptsächlich in der Landwirtschaft, die zu einem wichtigen Teil des täglichen Lebens wurde, zurücktreten. Die Erziehung von Knaben und die Führung von Waisenhäusern wurden zunehmend zu zentralen Aufgaben der Klöster.

Der heilige Basileios gründete keinen Mönchsorden im westlichen Sinne. Seine Auffassung von einem mönchischen Leben scheint weit entfernt von den einsiedlerischen Praktiken, wie sie kaum ein halbes Jahrhundert zuvor vom heiligen Antonius befürwortet wurden; es waren die Regeln des Basileios, die zur Grundlage des griechischen und slawischen Mönchtums werden sollten, und es waren seine Ideen, die später einen so bedeutsamen Aspekt der byzantinischen Klostertradition darstellten.

GEGENÜBER:
In der Großen Lavra, dem bedeutendsten Kloster auf dem Athos, schmücken Gemälde von Mönchen aus dem 19. Jahrhundert den Narthex des Katholikon.

Eine aus dem 17. Jahrhundert stammende Ikone des hl. Antonius, eines der Gründungsväter der Klosterbewegung, im Kloster Dionysiou auf dem Athos. Der ägyptische Eremit zog eine große Schar von Anhängern an, nachdem er jahrelang in einer verlassenen Festung gelebt hatte.
Sein »Leben«, dem eine koptische Handschrift zugrunde liegt, wird Athanasios von Alexandria zugeschrieben.

Im Schatten von Byzanz

Stemmt euch dem Strom irdischer Sorgen und Zwiste entgegen.
Das ist die einzige Sorge des mönchischen Lebens,
einen Hafen an diesem stillen Strand zu finden,
wo die Arbeit getan ist und keine Not mehr herrscht,
wo Männer zu ihrem Gott in Frieden Choräle singen können,
wo alle Zwänge und Verfolgungen ein Ende haben.

Theodoros von Studion (759–826)

Die Frühgeschichte der griechischen Klöster ist im wesentlichen die Geschichte des byzantinischen Mönchtums. Über 1100 Jahre lang, von der Gründung des Byzantinischen Reichs durch Konstantin den Großen im Jahr 330 bis zur Eroberung Konstantinopels durch die Türken 1453, führten alle Wege im Vorderen Orient nach dem Neuen Rom, zum Palast des Kaisers und zur Residenz des orthodoxen Patriarchen. In Konstantins neuer Stadt nahm das Mönchtum einen raschen Aufschwung, nachdem dort die erste asketische Gemeinschaft, das Dalmatou-Kloster, gegründet wurde. Dieses Bollwerk der Orthodoxie, das 382 unmittelbar vor den Stadtmauern entstand, wurde bald Sitz des Archimandriten oder Exarchen, der weitere Klöster in der Hauptstadt unter seiner Aufsicht hatte. Im Verlauf der nächsten 150 Jahre wurden in Konstantinopel weitere 70 Klöster gegründet, so daß das byzantinische Mönchtum im Unterschied zum ägyptischen eine starke städtische Basis ausbildete.

Kleinere Zentren entstanden in den Provinzen. Mehrere heilige Berge wurden zum Sitz von Klöstern, so der Athos und der bithynische Olymp, und in Thessalien und den Tälern des vulkanischen Kappadokiens in Kleinasien standen weitab und isoliert lebende Gemeinschaften in Blüte. Griechische Mönche gründeten Häuser selbst in so weit entfernten Regionen wie Palästina, der syrischen Wüste, Süditalien und auf dem Berg Sinai, wo im berühmten Katharinenkloster eine kleine Schar griechischer Mönche auch heute noch an der Stelle des brennenden Dornbuschs einen Altar unterhält.

In den frühen Tagen des Reichs – auf der Straße, in den Kirchen oder in bereits bestehenden Gelehrtenschulen – wurde das Christentum zu einer nationalen Manie, in der die Mönche zudem eine führende Rolle spielten. Mönche stellten den radikalen Flügel der Kirche dar. Sie waren die Aufrührer, deren freimütige, unorthodoxe Art ihnen eine breite Unterstützung in der Bevölkerung sicherte. Die angeblichen Wunderkräfte der Mönche, Kranke zu heilen, das Böse aus den Seelen der Menschen zu vertreiben oder die Zukunft vorherzusagen, vermehrte nur noch ihren Nimbus. Und im 4. und 5. Jahr-

GEGENÜBER:
Das Katholikon des Klosters Nea Moni auf Chios (11. Jahrhundert), eines der wichtigsten Bauwerke der byzantinischen Periode. Das Kloster wurde von Konstantin IX. Monomachos (reg. 1042–1055) an der Stelle gegründet, wo eine wundertätige Ikone der Gottesmutter an einem Myrtenbusch hängend gefunden wurde.

Eine erstaunlich gut erhaltene »Anastasis« oder »Auferstehung« aus dem frühen 14. Jahrhundert schmückt die Konche des Altarraums in der ehemaligen Erlöserkirche des Chora-Klosters in Istanbul (heute Kariye Camii). Christus, mit Johannes dem Täufer zu seiner Linken und Abel zur Rechten, stößt die Pforten der Hölle auf und befreit Adam und Eva aus ihren Gräbern.

hundert spielten sie eine bedeutende Rolle in den Ökumenischen Konzilen, die mit Fragen der Kirchenorganisation befaßt waren und die Grundlage des orthodoxen Glaubens im Nizäischen Glaubensbekenntnis legten.

Der Erfolg der Mönche in den Synoden wurde jedoch zuweilen mit zweifelhaften Mitteln erreicht. Auf dem dritten Ökumenischen Konzil, das 431 in Ephesos abgehalten wurde, disputierten die Delegierten über die Natur Christi. Nestorius, Bischof von Konstantinopel, erklärte, Jesus sei sowohl Mensch als auch Gott gewesen, und die Jungfrau Maria sei zwar die Mutter Christi als Mensch, aber nicht die Mutter Gottes. Sein erbitterter Gegner war der hl. Kyrill von Alexandria, der die Einheit der menschlichen und der göttlichen Natur in Christus hervorhob und Maria zur unzweifelhaften »Gottesgebärerin« erklärte. Kyrill ging als Sieger aus dem Streit hervor, allerdings mit Unterstützung von Bestechungsgeldern und einer Gruppe von mönchischen Anhängern, die das Kirchengericht und die Bürger der Stadt einschüchterten.

Einschüchterung war anscheinend bei den frühen Mönchen eine beliebte Strategie. Die meisten von ihnen waren ungebildete Bauern, von gewissenlosen Rädelsführern leicht zu beeinflussen, die sie häufig für ihre eigenen Zwecke mißbrauchten. Doch mit zunehmender Ausbreitung ihrer Bewegung verloren die Mönche ihr rauhes, radikales Wesen, auch wenn es immer wieder Raum für extreme Asketen gab. Spätere byzantinische Klöster waren mannigfaltiger als die frühen Zufluchten, zogen Männer und Frauen aus allen Schichten der Gesellschaft an, vom Bauern bis zum Patrizier, vom Lehrer bis hin zum Kaiser. Mehr als ein byzantinischer Herrscher tauschte seinen roten Umhang gegen ein schwarzes Habit ein; allerdings war dies häufig ein erzwungener und kein freiwilliger Schritt. Zwei entthronte Kaiser des 8. Jahrhunderts, Anastasios II. und Theodosios II., wurden in Klöster in Thessalonike und Ephesos geschickt. Auch hohe Amtsträger wandten den Angelegenheiten des Staates den Rücken und suchten den inneren Frieden. Auch wenn die Klöster sich als zweckmäßige Orte der Verbannung von Politikern oder Patriarchen anboten, die in Ungnade gefallen waren, so waren sie doch sehr angesehene Haftanstalten. Die Byzantiner schrieben dem klösterlichen Leben eine solche Bedeutung zu, daß von 90 Personen, die zwischen dem 7. und dem 15. Jahrhundert heiliggesprochen wurden, 75 Mönche waren.

Die hohe Achtung, die den Klöstern entgegengebracht wurde, reichte bis in die goldglänzenden Gänge des kaiserlichen Hofs. Viele Kaiser waren großzügige Wohltäter, auch wenn einige von ihnen, vor allem der im 8. Jahrhundert regierende Ikonoklast Konstantin V., dem mönchischen Leben wenig abgewinnen konnten und die asketischen Gemeinschaften unbarmherzig verfolgten. Das Schicksal der Klöster war eng an die Geschicke des Reichs geknüpft. In Blütezeiten wurden neue Gemeinschaften von reichen Gönnern gegründet, während die bereits bestehenden Häuser beträchtliche Zuwendungen erhielten, ihre Ländereien vergrößerten und die besten Künstler des Reiches beauftragten, die Wände ihrer Kirchen auszuschmücken.

In Zeiten der Krise lagen die Dinge anders: Bibliotheken und Schatzkammern wurden geplündert, die Klostergüter gingen verloren, und ganze Klöster wurden entvölkert und den Elementen überlassen. Doch trotz solcher Wechselfälle gelang es einer großen Zahl bedeutender Klöster, sich zu behaupten.

Die Kariye Camii im Stadtteil Fener in Istanbul, ursprünglich die Kirche des Chora-Klosters, weist einige der herrlichsten Mosaiken und Wandgemälde der byzantinischen Welt auf.

Die Himmelsleiter

In der Frühzeit der Mönchsbewegung, als die meisten Novizen aus der Bauernschaft kamen, waren die Mönche Männer aus dem Volk, deren glühender Fanatismus die Massen ergriff und erbitterte theologische Debatten auslöste. Es gab keine Kontrolle der Neuzugänge, eine wachsende Zahl von Hochstaplern mischte sich unter die wahrhaft heiligmäßigen Männer und machte sich deren durch asketische Übungen und ein frommes Leben erworbene Aura der Heiligkeit zunutze. Aus Besorgnis über ihren potentiellen Einfluß auf die Grundwerte des Christentums sah sich die Kirche gezwungen, gegen die falschen Mönche in ihren Reihen vorzugehen. Im Jahr 451 verbot das Konzil von Chalkedon die Gründung neuer Mönchsgemeinschaften ohne Zustimmung der Bischöfe der Diözese, und es wurden Vorschriften erlassen, mit denen die bestehenden Häuser einer bischöflichen Aufsicht unterstellt wurden. Obwohl der wahre Asket noch immer wenig für die etablierte Kirche und ihre Hierarchie übrig hatte, gingen die Tage der klösterlichen Experimente bald ihrem Ende entgegen.

Eine zunehmende Kontrolle der Klöster durch die Kirche wie den Staat führte binnen kurzem zum ersten »Goldenen Zeitalter« des byzantinischen Mönchtums. In dieser Zeit fiel auch die Regierung Justinians I., des erfolgreichsten Kaisers seit Konstantin selbst, der um die Mitte des 6. Jahrhunderts 38 Jahre lang regierte. Justinian war ein autokratischer Herrscher, von seinem Volk ungeliebt und zu Exzessen neigend, doch er trat für eine starke, effiziente Regierung und eine Ausdehnung des byzantinischen Territoriums ein. Außerdem bekräftigte er die klösterlichen Regeln und verschärfte die 451 auf dem Konzil von Chalkedon erlassenen Vorschriften. Er erließ Gesetze, mit denen alle religiösen Gemeinschaften gezwungen wurden, das basilianische Modell zu übernehmen. Von jetzt an mußten alle Klöster gemeinschaftlich sein, mit gemeinsamen Schlafräumen und Speisesälen. Einzelzellen waren untersagt, sofern sie nicht als Arrestzellen dienten; auch Privateigentum war verboten und mußte aufgegeben werden, bevor der künftige Mönch sein Gelübde ablegte. Dagegen war es den Mönchen auch weiterhin erlaubt, Eigentum zu erben, sofern sie zuvor über dessen Verwendung Verfügungen getroffen hatten, und sie konnten Vormund von Minderjährigen werden.

Mit Ausnahme von entflohenen Sklaven und von Beamten stand das Mönchsgelübde allen offen. Frauen hatten dieselben Rechte wie die Männer, obwohl Doppelklöster mit Wohnräumen für Frauen und Männer jetzt verboten waren. Von nun an mußten Nonnen und Mönche in eigenen Gemeinschaften mit eigenen Äbten und Äbtissinnen leben. Nach der neuen Gesetzgebung unterstand jedes Kloster einem Abt, dem *hegumenos* (Führer) oder dem »Archimandriten«, dem Oberhirten. Es war üblich, daß die Äbte dauerhaft im Kloster lebten, aber es gab auch Beispiele für abwesende Äbte. Ein gewisser Apollo war Herr über ein Kloster mit 500 Mönchen, das er nur einmal in der Woche aufsuchte. Ein anderer Abt, Theoktist, war für den alltäglichen Betrieb einer Gemeinschaft verantwortlich, überließ jedoch wichtige spirituelle Angelegenheiten Euthymios dem Großen, der sich nur an Sonntagen zeigte.

Unter jedem Abt standen der *oikonomos*, der für die Finanzen des Klosters zuständig war, der *bibliophylax*, der die Bibliothek verwaltete, und ein *chartophylax*, der Schreiber und Archivar. Dann kamen die gewöhnlichen Mönche, unter denen sich nur wenige Priester befanden; doch gehörten zu jeder Gemeinschaft einige ordinierte Mönche, die Gottesdienste abhalten konnten. Bewerber mußten eine dreijährige Probezeit als Novizen absolvieren, bevor sie sich endgültig für ein Leben als Mönch entschieden. Waren sie nach diesen drei Jahren dazu entschlossen, legten sie vor dem Abt das Armuts-, Gehorsams- und Keuschheitsgelübde ab. Die neuen Mönche nahmen einen Namen als

Klosterbruder an, ihr Haupthaar wurde zu einer Tonsur geschoren, und sie empfingen zum erstenmal ihre schwarze Kutte, das »Engelskleid«.

Josef und Maria lassen sich bei der Volkszählung registrieren. Ein Mosaik aus dem 14. Jahrhundert an der Ostwand des Exonarthex der Erlöserkirche im Chora-Kloster.

Klöster waren in vieler Hinsicht äußerst demokratische Gemeinwesen und zumindest der Theorie nach große soziale Gleichmacher. Es gab keine vergleichbaren Institutionen, in denen Bauern Seite an Seite mit hohen Herren lebten. Die Mönche wählten außerdem ihre Äbte selbst, wobei sie die Kandidaten nach ihrer Weisheit und spirituellen Erfahrung beurteilten; die Gewählten wurden anschließend vom Bischof der Diözese gesegnet und erhielten von ihm den Hirtenstab. Die Bischöfe beaufsichtigten ferner die Gründung neuen Klöster, weihten die dafür ausgewählten Plätze, auf denen symbolische Kreuze errichtet wurden, und saßen einem Beschwerdegericht vor, das über Streitigkeiten zwischen den Mönchen entschied. Zunehmend bürgerte sich der Brauch ein, Bischöfe aus den Klöstern zu rekrutieren. Im Unterschied zur weltlichen Geistlichkeit konnten zölibatäre Mönche in die höchsten Kirchenämter gewählt werden, und nach Justinian wurden die meisten Bischöfe und Patriarchen des Reichs aus den führenden Klöstern ausgewählt. Allein die Große Lavra auf dem Athos brachte 26 Patriarchen und fast 150 Bischöfe hervor.

Während die allgemeinverbindlichen Gesetze generelle Leitlinien darstellten, konnten einzelne Gemeinschaften ihrem Alltagsleben eigene Regeln geben. Jedes Kloster war ein kleines Gemeinwesen für sich mit seinen eigenen Regeln, die in zwei Stiftungsurkunden niedergelegt waren. Das »Typikon« (Klosterordnung) legte die Rechte und

Pflichten der Mönche fest und enthielt vor allem die wichtige Bestimmung, daß die Mönche für den Gründer beten und nach seinem Tod Fürbitte für seine Seele leisten sollten. Die unterstellte Wirksamkeit der Mönchsgebete war häufig der Hauptgrund, warum Wohltäter neue Klöster stifteten oder bestehende Einrichtungen unterstützten. Das zweite Dokument, das »Brevion«, enthielt die Wünsche des Gründers im Hinblick auf die Litanei und zählte alle Stiftungen auf. Den Bestimmungen des Brevion unterworfen, war der Abt die höchste Instanz in allen anderen Klosterangelegenheiten.

Der Tag eines Mönchs war lang, und seine Pflichten waren eintönig. Jeder Tag begann früh mit einer Gebetsstunde vor der Morgendämmerung. Dem folgte eine Messe zum Sonnenaufgang, Psalmensingen während der sieben kanonischen Stunden und nächtliche Andachten bei besonderen Festen und am Vorabend bedeutender Heiligentage. Die Einhaltung der Disziplin, die in der Blütezeit klösterlicher Macht überall sehr streng war, oblag dem Abt. Die Patriarchen erließen Strafbestimmungen, doch der Abt war letztlich verantwortlich für deren Auslegung und Anwendung. Mönche, die gegen die Regeln der Gemeinschaft verstießen, wurden einem Zwangsfasten unterworfen oder von der Litanei ausgeschlossen. Bei schweren Vergehen sperrte man sie in Einzelzellen – eine unerwartete Strafe für Menschen, die ein Leben in Einsamkeit gewählt haben.

Die Justinianischen Gesetze klärten nicht nur die Organisation der Klöster, sie gewährten diesen auch besondere wirtschaftliche Privilegien. Sie konnten Klosterländereien zu Vorzugsbedingungen pachten, und der Staat durfte ihren Grundbesitz nicht antasten. Der Kaiser erlaubte außerdem erstmals Schenkungen von Privatpersonen, so daß die Klöster von da an auf eine solide finanzielle Basis gestellt waren. Als Justinian 565 starb, waren sie besser organisiert und wohlhabender als je zuvor.

In der religiösen Sphäre zeitigte die Herrschaft Justinians jedoch auch weniger positive Folgen. Justinian wollte um jeden Preis die Einheit zwischen Ost- und Westrom wiederherstellen, deren Auseinanderentwicklung unter der Regierung Konstantins eingesetzt hatte, doch seine politischen Maßnahmen beschleunigten die Spaltung nur noch. Der Gegensatz verschärfte sich weiter, als Konstantinopel unter seinen Nachfolgern völlig hellenisiert wurde. Im Jahr 641 wurde Griechisch, die Sprache der Kirche und des Volkes, zur offiziellen Sprache des Reichs erklärt. Der römische Westen und der griechische Osten begannen unterschiedliche Wege einzuschlagen, was schließlich mit dem großen Schisma von 1054 enden sollte.

Die orthodoxen Mönche trugen zu dieser wachsenden Rivalität bei, als sie in der Kirchenhierarchie festen Fuß faßten. Der erste Mönch, der zum Patriarchen ernannt wurde, war Johannes der Faster, der 588 den Zorn Roms auf sich zog, als er den Titel »ökumenisch« annahm, was die Suprematie über andere Würdenträger einschließlich des Papstes selbst bedeutete. Danach strebten Mönche immer wieder das Amt des Patriarchen an. Zwischen 705 und 1204, als Konstantinopel an die Lateiner fiel, waren von 57 Patriarchen 45 Mönche gewesen, und häufig waren sie die entschiedensten Gegner einer Vereinigung der beiden Kirchen.

Während der Einfluß der Mönche zunahm, waren die Regierenden um eine stärkere Kontrolle über ihre Aktivitäten bemüht. Die von Justinian eingeleiteten Klosterreformen wurden über ein Jahrhundert später, während der ersten Regierung von Justinian II. Rhinotmetos (»mit der abgeschnittenen Nase«), bestätigt und zum Teil erweitert. Das 691 vom Kaiser einberufene Konzil Quinisextum untersagte die Säkularisierung von Klostereigentum, verlängerte das Noviziat um ein Jahr und legte für Novizen ein Mindestalter von zehn Jahren fest. Das Konzil versuchte außerdem – ohne Erfolg – die Aktivitäten von Eremiten zu reglementieren und ihre locker organisierten Lavren abzuschaffen. Nach dem Kanon 42 mußten »alle Eremiten, die sich schwarz kleiden, ihr

Die »Himmelsleiter« oder »Scala Paradisi«, eine Darstellung im Katholikon der Großen Lavra auf dem Athos. Erdacht vom hl. Johannes Klimakos im 7. Jahrhundert, stellt diese Anleitung zur Kontemplation das Leben als eine Leiter mit 30 Sprossen dar, die in den Himmel führt.

Haar ungeschoren tragen und in den Städten umhergehen und Laienmänner und -frauen besuchen«, ihr Haar schneiden lassen und in ein Kloster gehen. Wer sich widersetzte, sollte an einen abgelegenen Ort verjagt werden, was einigen von ihnen wahrscheinlich sehr zusagte.

Während die Klöster eine formelle Organisation erhielten, waren die griechischen Verfasser geistlicher Schriften mehr um die Aufgaben und die Praxis des Gebets besorgt als um die materiellen Verhältnisse. Um die Mitte des 5. Jahrhunderts empfahl Diadochos von Photike in einer kathartischen, christozentrischen Lehre die ständige Wiederholung des Namens »Jesus« als »einzige Beschäftigung«. Noch einflußreicher war der hl. Johannes Klimakos (579? – 649?), Abt des Katharinenklosters auf dem Berg Sinai, der ebenfalls das »Jesusgebet« als einfachste Anrufung des Gottesnamens empfahl. Alle byzantinischen Mönche waren vertraut mit der *Scala Paradisi*, der Paradies- oder Himmelsleiter des Klimakos, einer Anleitung zur Kontemplation, die das christliche Leben als Leiter mit 30 Sprossen beschrieb, entsprechend dem Alter Christi bei seiner Taufe. Eine bemerkenswerte Ikone im Katharinenkloster zeigt eine Leiter, die bis zum

Himmel reicht. Einfache Mönche steigen auf ihr langsam hinauf, geführt von Johannes Klimakos, die Hände zum Gebet gefaltet. Während ihres Aufstiegs machen sich geflügelte Dämonen ihre Wehrlosigkeit zunutze. Böse Geister zerren einige Mönche mit lassoartigen Seilen von der Leiter, andere schießen mit Pfeil und Bogen auf sie. Doch es gibt auch Engel, die ihnen auf ihrem Weg behilflich sind. Erst wenn sie wohlbehalten an der Spitze der Leiter angekommen sind, werden sie in den Himmel eingelassen.

Theodoros von Sykeon

Eine der vielen Hagiographien, die damals verfaßt wurden, handelt vom Leben des Theodoros von Sykeon, eines Mönchs und heiligmäßigen Mannes aus einem kleinen Dorf an der Straße, die von Konstantinopel nach Osten führte. Das »Leben«, geschrieben von Georgios, einem späteren Abt desselben Klosters, ist eine Heiligenlegende, eine bewundernde Lobeshymne, und darf nicht als wirklichkeitsgetreue oder ernsthafte Geschichte aufgefaßt werden. Wie zahlreiche andere Heiligenviten bietet sie eine sinnträchtige Schilderung der religiösen Berufung und der Bedeutung wundertätiger Eingriffe für den durchschnittlichen Byzantiner. Nach Georgios' Schilderung wurde Theodoros unter der Regierung Justinians I. geboren. Seine Mutter Maria war eine Dirne, die mit ihrer Mutter und ihrer Schwester in einer Straßenkneipe in Sykeon ihrem Gewerbe nachging. Der Vater des Theodoros, ein kaiserlicher Bote, war einer von Marias Kunden.

In der Nacht, in der Maria den Boten bei sich zu Gast hatte, träumte sie, ein Stern sei vom Himmel herabgestiegen und in ihren Schoß eingedrungen. Der Bischof von Anastasioupolis und ein Dorfheiliger deuteten dies sogleich als eine göttliche Botschaft: Das zukünftige Kind war zweifellos mit heiligen Tugenden begnadet, und es wurde auf den Namen Theodoros, »Gottesgeschenk«, getauft. Wichtige Ereignisse in seinem Leben wurden ebenfalls durch das Eingreifen Gottes bestimmt. Mit zwölf Jahren erkrankte Theodoros an der Beulenpest, die damals das Reich heimsuchte. Dem Tode nahe, wurde er in die dem hl. Johannes dem Täufer geweihte Dorfkirche getragen. Über ihm hing eine Christusikone, aus der Tau auf den schwachen Körper des Jungen niederfiel. Wie zu vermuten, war der Tau ein lebensrettendes Getränk, und Theodoros erlebte eine schnelle und wundersame Genesung.

Geheilt und wieder gesund, wandte Theodoros sich mehr und mehr der Religion zu. Er besuchte frühmorgens die Kirche, hielt sich zwischen Epiphanie und Palmsonntag verborgen, verschenkte seine irdischen Güter und lernte die Psalmen auswendig. Anfangs verhaspelte er sich dabei, doch nachdem er Hilfe bei einer anderen Ikone gesucht hatte, gab sich das bald. Im Alter von 14 Jahren beschloß Theodoros, ein Mönch zu werden, und grub sich zunächst eine Höhle unter der St.-Georgs-Kirche. Schon in diesem jugendlichen Alter zeigte sich seine Begabung als Wunderheiler; er heilte einen Knaben, der von bösen Geistern besessen war, indem er Öl aus einer Lampe nahm und dem Kranken damit die Stirn in Form eines Kreuzes salbte.

Danach beschloß Theodoros, der Welt zwei Jahre lang zu entsagen. Er verbarg sich in einer Felsenhöhle und wurde von einem Diakon mit Nahrung versorgt, der als einziger den Ort seines Verstecks kannte. Am Ende seiner freiwilligen Internierung befand Theodoros sich in einem erbarmungswürdigen Zustand, und sein Körper war über und über mit Schwären, Entzündungen und Läusen bedeckt. Doch bald hatte er sich wieder erholt, und ein Bischof Theodosios weihte ihn zum Lektor, der erste Schritt auf dem

Weg zu den heiligen Weihen, dann zum Subdiakon und schließlich zum Priester. Seine Ordinierung nahm auch seine spätere Anerkennung als Mönch vorweg. Bevor er jedoch ins Kloster eintrat, begab Theodoros sich auf eine längere Pilgerfahrt ins Heilige Land, wo er biblische Stätten, die Behausungen von Asketen und Klöster in der Umgebung von Bethlehem und Jerusalem besuchte.

Theodoros war offenbar beeindruckt von der asketischen Lebensweise der Mönche in Palästina, und obwohl der hl. Basileios 200 Jahre zuvor versucht hatte, Eremiten von extremer Selbstkasteiung abzuhalten, dachte er für sich besondere Leiden aus. Einen Winter lang, von Weihnachten bis Palmsonntag, stand er in einer Holzkiste in der Kirche des hl. Johannes des Täufers. Einen Großteil der nächsten drei Jahre verbrachte er in einem in den Bergen aufgehängten eisernen Käfig, nachdem er seinen Anhängern befohlen hatte, ihn mit Ketten zu fesseln und ihm ein schweres Eisenkreuz um den Hals zu hängen. An den kältesten Wintertagen froren seine Füße am Boden des Käfigs fest. Dank dieser extremen Askese und zahlreichen Wundertaten verbreitete sich der Ruf Theodoros' als heiliger Mann, der Kranke heilen konnte, über alle Lande. Das Sykeon-Kloster, dessen Abt er schließlich geworden war, nahm unter dem Andrang von Pilgern und heilungsuchenden Kranken einen raschen Aufschwung.

Aufgrund seiner großen zeitlichen Belastung trat Theodoros sein Amt als Abt an einen anderen Mönch namens Philoumenos ab, so daß er mehr als bisher weite Reisen unternehmen und Kranke heilen konnte. Bei einem dritten Besuch in Jerusalem mehrte sich sein Ruf, als dort dank Theodoros' Eingreifen Regen fiel, womit eine lange Dürreperiode beendet wurde. Trotz seiner zahlreichen Reisen hatte Theodoros noch immer seinen Wohnsitz im Sykeon und wurde dort vom künftigen Kaiser Maurikios besucht, der sich nach einem erfolgreichen Feldzug im Osten auf dem Rückweg nach Konstantinopel befand. Theodoros weissagte ihm den Thron, und sein Ansehen am kaiserlichen Hof nahm weiter zu. Als Maurikios im Jahr 582 den Thron bestieg, vermachte er dem Sykeon-Kloster einen neuen Kelch mit Patene sowie eine jährliche Lieferung von Getreide. Die Klosterkirche wurde erweitert und ausgeschmückt. Einige Zeit später erhielt Theodoros nach der Überlieferung Reliquien des hl. Georg aus der Stadt Germia, und ihm wurde von einem anderen mächtigen Anhänger, General Domentziolos, dem Neffen von Kaiser Phokas und Befehlshaber des Heeres während der Persischen Kriege, ein goldenes Kreuz verehrt.

Noch auf dem Totenbett setzte Theodoros seine Heilungen und Weissagungen fort. Kurz vor seinem Tod segnete er den Kaiser Herakleios, der auf dem Weg in den Krieg gegen die Perser war und im Kloster einkehrte. Theodoros starb am 22. April 613, und als die Nachricht in der Hauptstadt eintraf, hielt Patriarch Sergios I. in der Hagia Sophia, der großen Kirche Justinians, einen feierlichen Gottesdienst ab und verfügte eine jährliche Gedenkfeier zu Ehren des Toten. Wieder war ein Mönch heiliggesprochen worden.

Verbotene Bilder

Die Reformen Justinians und des Konzils Quinisextum trugen viel zur Gründung neuer Klöster bei, doch während des 8. Jahrhunderts ließen solche Aktivitäten nach. Dieser Rückgang der Bautätigkeit ging zu einem Großteil auf die Feindseligkeit von Kaisern zurück, die sich der Verehrung von Ikonen widersetzten und versuchten, den wachsenden Einfluß der Klöster zurückzudrängen. Wie sich der Lebensgeschichte Theodoros'

Christus auf dem Thron mit Theodoros Metochites, einem hohen byzantinischen Beamten und Gründer des Chora-Klosters in Konstantinopel (Mosaik in der Kariye Camii in Istanbul).

entnehmen läßt, waren Bilder von Christus und der Muttergottes und die Verehrung der frühen Heiligen zu wesentlichen Bestandteilen der Orthodoxie geworden; solche Ikonen schmückten Kirchen, Klöster und Privathäuser als Hilfen zur Andacht. Doch im 8. und 9. Jahrhundert forderten die Ikonoklasten oder »Bilderstürmer«, alle Abbildungen Gottes oder seiner menschlichen Gestalt zu vernichten. Sie machten geltend, die Ikonen seien fast nur noch Talismane oder magische Amulette, die eine heidnische Götzenverehrung förderten, statt die Gläubigen zu Gott zu führen. Die Reformer hatten einflußreiche Anhänger, und von 726 bis 780 wurde die Bilderverehrung offiziell unterdrückt.

Die ersten Angriffe setzten unter Kaiser Leo III. ein, der Arbeitern des Palasts befahl, das große goldene Christusmosaik, die berühmteste Ikone Konstantinopels am Haupteingang zum Kaiserpalast, abzureißen. Es war eine vorschnelle Entscheidung, die Aufstände zur Folge hatte. Eine Schar aufgebrachter Frauen stürzte sich auf die Arbeiter, als diese das Mosaikbild zerstörten, und tötete ihren Aufseher. Leo übte Vergeltung, indem er die Frauen hinrichten ließ. Die Proteste weiteten sich außerhalb der Hauptstadt aus, als die »Ikonodulen« (wörtlich »Bilderdiener«) von den Maßnahmen Leos erfuhren. Es kam zu Meutereien in der ägäischen Flotte und unter dem in Thrakien stehenden Heer. Das Volk brachte seine Empörung in traditioneller Weise zum Ausdruck und ging auf die Straße, doch Leo blieb unbeugsam. Heiligenbilder wurden auch weiterhin zerstört. Der dem Bilderdienst anhängende Patriarch Germanos wurde durch einen willfährigen Geistlichen namens Anastasios ersetzt, und alle, die an der Verehrung ihrer Ikonen festhielten, lebten in beständiger Furcht vor Verhaftung und Bestrafung.

Die schwerste Bürde hatten die Klöster zu tragen, deren prächtige Sammlungen von Ikonen und Heiligenreliquien das nächstliegende Ziel der kaiserlichen Vandalen waren.

Zu Hunderten verließen die Mönche die Hauptstadt und brachten unter ihrem schwarzen Habit so viele Ikonen in die griechischen Provinzen, wie sie nur tragen konnten. Andere flohen bis nach Italien oder suchten ihre Zuflucht in den Felsenhöhlen Kappadokiens, in die sich bereits die Ostchristen vor den Sarazenen in Sicherheit gebracht hatten. Inzwischen erzog der Kaiser seinen Sohn Konstantin in seinem ikonoklastischen Geist, und als Leo III. 741 starb, schien kaum Hoffnung zu bestehen, daß die Verfolgung und Bestrafung der Bilderdiener aufhören werde. Ein Jahr später bemächtigte sich jedoch der Schwager Konstantins, Artabasdos, für kurze Zeit des Throns, als der Kaiser mit dem Heer nach Osten marschiert war, um gegen die Araber zu kämpfen. Er gab unverzüglich Anweisung, die Ikonen wiederaufzustellen, und Tausende von Bildern, die man vor den Beamten des Kaisers versteckt und von denen man die meisten zerstört geglaubt hatte, schmückten erneut die Kirchen und öffentlichen Gebäude der Stadt.

Für die Bilderdiener war es eine trügerische und kurzlebige Hoffnung. Konstantin V. »Kopronymos«, der seinen Beinamen einem kleinen Malheur verdankte, das ihm bei seiner Taufe passiert war, bestieg nach 16 Monaten wieder den Thron und erwies sich schnell als ein noch militanterer Bilderstürmer als sein Vater. Der Staatsstreich des Artabasdos hatte den Abscheu Konstantins gegenüber Heiligenbildern nur noch verstärkt. Die früher ergangenen Befehle zu ihrer Zerstörung wurden einfach erneut bestätigt, und die Anführer der Partei der Bilderanbeter, unten ihnen auch der abgesetzte Patriarch Germanos, wurden exkommuniziert. Die Ikonodulen konnten kaum etwas anderes tun als abwarten und beten, aber sie waren überzeugt, Gott auf ihrer Seite zu haben.

Erneut waren die Klöster eines der Hauptziele der kaiserlichen Verfolgungen. Doch während Leo wegen ihrer Ikonen und Heiligenreliquien gegen sie vorgegangen war, erwies Konstantin sich als erbitterter Feind der Mönche und verfolgte sie um ihrer selbst willen. In den Augen des Kaisers waren sie die »Unaussprechlichen«, die Vertreter korrupter Einrichtungen, die in die tiefsten Niederungen menschlicher Habgier und Sittenlosigkeit herabgesunken waren. Gegner, die versuchten, gegen diese anhaltenden Verteufelungen ihre Stimme zu erheben, wurden zum Schweigen gebracht oder verspottet. Ein führender Mönch, Stephanos, Abt des Auxentios-Klosters in Bithynien, wurde unter der Beschuldigung festgenommen, er habe Männer gewaltsam zum Klosterleben gezwungen. Im Gefolge eines Konzils von 754, das Heiligenbilder verurteilt hatte, suchten die Mönche in Scharen Rat bei Stephanos. Das Kloster wurde zu einem Zentrum der religiös Andersdenkenden, und als Stephanos und seine Mönche sich weigerten, die Bestimmungen des Konzils anzuerkennen, wurden sie unter Hausarrest gestellt. Dennoch blieben sie standhaft bei ihrer Überzeugung. Daraufhin ließ Konstantin ihr Kloster niederbrennen und zwang den Abt, in einem anderen Kloster in der Nähe Konstantinopels zu leben. Dieser blieb jedoch ein Stachel im Fleisch des Kaisers, und er wurde auf eine Insel im Marmarameer verbannt, wo sich ihm bald auch andere Mönche des Auxentios-Klosters anschlossen.

Später wurde Stephanos aus dem Exil zurückgerufen und vor den Kaiser geschleppt, doch an seiner Überzeugung hatte sich noch immer nichts geändert. Es folgte ein theologischer Disput, der dazu führte, daß man Stephanos zusammen mit 342 weiteren Mönchen ins Gefängnis warf. Elf Monate lang ernährte er sich von Wasser und Brot, die ihm von der mitfühlenden Frau eines der Wächter gebracht wurden. Schließlich kam dem Kaiser zu Ohren, Stephanos mache aus dem Gefängnis ein Kloster. Wütende Hofbeamte wurden geschickt, ihn aus seiner Kerkerklause zu zerren. Es gab eine Menschenansammlung und ein Handgemenge, und unter ungeklärten Umständen steinigte ihn ein Mob auf der Straße.

Andernorts spielten sich ähnliche Szenen ab; allerdings sind die Geschichten darüber ausschließlich von Ikonodulen überliefert worden. Verhaßte und brutale Beamte des Kaisers machten sich einen Spaß daraus, die in ihrer Mitte lebenden Mönche zu verfolgen. In Thrakesion, einer Provinz, die einen Großteil der mittleren jonischen Küste und des Hinterlands umfaßte, befahl der Gouverneur Michael Lachanodrakon, alle Mönche und Nonnen müßten heiraten, andernfalls drohe ihnen die Verbannung nach Zypern. Berichten zufolge ließ er die Bärte von widersetzlichen Mönchen mit Öl und Wachs tränken und anzünden, wenn sie noch immer nicht nachgeben wollten. Die unbewohnten Klöster wurden geplündert, ihre Bibliotheken verbrannt und ihre Schätze geraubt. Die besonders wertvollen silbernen und goldenen Altargefäße wurden verkauft und die Erlöse dem Kaiser übersandt.

Konstantin war sehr zufrieden mit seinem fernen Statthalter; das Drangsalieren von Mönchen erwies sich als profitables Geschäft. Der Kampf gegen die Klöster und die Verfolgung der Bilderanbeter wurden zu Hauptmerkmalen seiner langen und grausamen Regierung. Die Bemühungen Konstantins, die Klöster zu leeren, hatten jedoch durchaus ihren praktischen Grund. Er benötigte dringend Männer, vor allem in Kleinasien, um die Grenzen des Reiches zu sichern und den Boden zu bestellen. Doch er konnte diesen Kampf nicht gewinnen.

Konstantins Sohn und Nachfolger Leo IV. wäre möglicherweise ebenfalls ein unbarmherziger Verfolger der Ikonodulen geworden wie sein Vater, doch unter dem Einfluß seiner Frau Irene, eine wesentlich stärkere Persönlichkeit, die mit den Bilderanbetern sympathisierte, wurden seine Neigungen fest im Zaum gehalten. Einige Verfolgungen hielten an – Leo ließ beispielsweise eine Gruppe ranghoher Beamter wegen der Verehrung von Bildern ins Gefängnis werfen –, doch sie waren unbedeutend im Vergleich zu früheren Jahren. Es war weitgehend das Verdienst Irenes, daß die Klöster wieder sich selbst überlassen blieben und verbannte Mönche in ihre früheren Häuser zurückkehren konnten. Und es war wiederum Irene, nach dem Tod ihres Mannes 780 die faktische Herrscherin von Byzanz, die der ersten bitteren Ära des Bilderstreits schließlich ein Ende machte.

Ein zweiter Angriff auf die Ikonen setzte 815 ein. Diesmal traten der hl. Theodoros von Studion und andere Mönche als Hauptverteidiger der Ikonodulen auf. In einer Reihe rhetorischer Dialoge widerlegte Theodoros die Argumente der Ikonoklasten Punkt für Punkt. Doch seinen Schriften und leidenschaftlichen Reden ließ er auch Taten folgen. An einem Palmsonntag zog unter seiner Führung eine Prozession von Mönchen, die Ikonen in den Händen hielten, durch die Straßen Konstantinopels. Es war eine bemerkenswerte Geste des Widerstands, doch die Obrigkeit blieb unnachgiebig. Theodoros wurde festgenommen, ins Gefängnis gesteckt und erhielt die Prügelstrafe. Unter einem neuen Kaiser, Michael II., setzte sich die Unterdrückung der Bilderanbeter in Konstantinopel fort. In den Provinzen erfolgte sie dagegen mit geringerem Eifer, und Theodoros, der seinen religiösen Überzeugungen treu bleiben wollte, verließ mit einigen Mitbrüdern das Studion und zog aufs Land. Doch selbst hier erreichte ihn noch der Griff der kaiserlichen Macht. Michael befürchtete, Theodoros und seine Mitbrüder in der Verbannung würden Thomas den Slawen, der auf den Thron Anspruch erhob, unterstützen, weshalb er ihnen die Rückkehr in die Stadt befahl, wo sie in den Mauern des Studions blieben. Der Bilderstreit tobte nach dem Tod Theodoros' noch weitere 17 Jahre, doch am Ende trugen die Mönche den Sieg davon. Nach dem Konzil von 843 wurden von Kaiserin Theodora die Ikonen wieder zugelassen, und ihr Platz innerhalb der Orthodoxie blieb von da an unangefochten. Dieser endgültige Sieg der Ikonodulen über die Ikonoklasten wurde als »Triumph der Orthodoxie« bekannt und wird bis heute jedes Jahr am ersten Fastensonntag festlich begangen.

GEGENÜBER:
Das Kloster Nea Moni auf Chios weist neben dem Kloster in Daphni und Hosios Lukas einen der bedeutendsten Zyklen byzantinischer Mosaiken aus dem 11. Jahrhundert in Griechenland auf. Die in leuchtenden Farben gehaltenen Szenen, mit charakteristisch strengen Figuren und ausdrucksstarken Gesichtszügen, zeigen Petrus, der dem Malchus ein Ohr abschlägt (gegenüber), einen geflügelten Cherub (S. 34) und die Fußwaschung Christi (S. 39).

Der hl. Theodoros und das Studion

Es ist etwas paradox, daß das einflußreichste unter allen byzantinischen Klöstern, vermutlich das größte spirituelle Zentrum in Konstantinopel, im frühen 9. Jahrhundert eine bemerkenswerte Renaissance erlebte, als der Bilderstreit und die Verfolgung der Klöster noch in vollem Gange war. Bekannt als das »Studion« und in der Nähe des Goldenen Horns am Marmarameer gelegen, wird dieses Kloster mit dem hl. Theodoros in Verbindung gebracht, dem reformerischen Abt, dessen Name so eng mit den umstrittensten religiösen Fragen seiner Zeit verbunden ist. Geboren 759 in Konstantinopel, mitten in der ersten Verfolgung der Bilderdiener, stammte Theodoros aus einer vornehmen Familie. Sein Vater Photinos hatte ein Amt in der kaiserlichen Schatzkammer. Seine tief religiöse Mutter Theoktista war eine Dame der Gesellschaft, die ihre Aufgabe darin sah, gute Werke zu verrichten und aus ihrem Sohn einen guten Christen zu machen. Und es war ihre fromme Haltung, die den größten Einfluß auf das Leben ihres Sohnes haben sollte. Nachdem er in den Bibliotheken Konstantinopels studiert hatte, trat Theodoros in die Fußstapfen seines Onkels und begann seine Laufbahn als Mönch im berühmten Zentrum des bithynischen Olymps. Später kehrte er in die Hauptstadt zurück, wo unter seiner Leitung das Studion-Kloster neubelebt und seine Regeln revidiert wurden, um eine geordnete und tätige Einrichtung zu schaffen.

Die Bebauung dieser Stätte hatte bereits 300 Jahre früher begonnen, als ein ausgebürgerter Römer namens Studius 463 die Kirche des hl. Johannes von Studion gründete. Seine Wohltätigkeit erstreckte sich bald auch auf eine Mönchsgemeinschaft, die zuvor am Euphrat gelebt hatte. Bekannt unter der Bezeichnung »die Schlaflosen«, hatten die Brüder ihren Tag in mehrere Schichten eingeteilt, um ununterbrochen Tag und Nacht zu beten, wodurch sie in der ganzen Stadt von sich reden machten. Studius, der sich von ihrer strengen Lehre angezogen fühlte, bot ihnen finanzielle Unterstützung an, und sie wurden die ersten Mönche der Studion-Stiftung. Als Theodoros Abt des Klosters wurde, bestanden die ununterbrochenen Vigilien nicht mehr, und er machte sich sogleich daran, eigene Regeln für eine streng disziplinierte Gemeinschaft aufzustellen.

Neben den höchsten Amtsträgern, dem Abt, dem *oikonomos* und dem *bibliophylax*, gab es im Studion zahlreiche niedere Funktionen, um einen reibungslosen Ablauf des Klosterlebens zu gewährleisten. Es gab einen Verantwortlichen für die Kirchenmusik, die *epistemonarchoi*, die Streitigkeiten zwischen Mönchen schlichteten, und den *taxiarchos*, der Prozessionen und andere kirchliche Rituale organisierte. Unter den wachsamen Augen der *epitaktoi*, die dem Abt jeden Verstoß gegen die Hausregeln meldeten, wurde strenge Disziplin gewahrt. Theodoros beschrieb diese Form einer gegenseitigen Aufsicht der Mönche mit folgenden Versen:

> *»Die Wächter eurer Schar sollt Ihr statt meiner bleiben*
> *und sorgsam achten auf ihr Tun und auf ihr Treiben*
> *in dunkler Nacht und in des Mittags Helle. Lasset*
> *kein lautes Lachen und kein Zorneswort erschallen,*
> *auf daß wir Gott dem Herrn in unserm Tun gefallen.«*

Der Tag begann für die Mönche mit dem Weckruf des Semantron, ein Brett, auf das mit einem Hammer geschlagen wird und welches das Holz symbolisieren soll, das für den Bau der Arche Noahs verwendet wurde. Neben den *epitaktoi* hatten auch die Weckrufer strenge Anweisung, »alle verschlafenen Zellen ab[zu]gehen und in jedes Bett [zu] schauen. Der Schlaf ist vorüber. Es ist Zeit für das Morgengebet.«

Trotz seiner strengen Klosterregeln zog das Studion eifrige Novizen an, von denen viele nach kurzer Zeit damit beschäftigt waren, in der Schreibstube Handschriften zu kopieren. Vor schweren hölzernen Schreibpulten sitzend, fertigten die Mönche neue Exemplare früherer religiöser Texte an, die sie mit Illuminationen verschönerten. Byzantinische Schreibstuben waren in der Regel unzureichend beleuchtet und ungeheizt, so daß die älteren Mönche schlechte Augen hatten und an Arthritis der Handgelenke litten. Im Studion zeigte Theodoros ein besonderes Interesse an den Fertigkeiten seiner Mönche. Er war selbst ein hervorragender Kalligraph und hat möglicherweise sogar die Form späterer byzantinischer Schriften beeinflußt. Weitere bedeutende Klöster in der Stadt wie das Hodegon erfüllte ähnliche Aufgaben wie das Studion, so daß im 11. Jahrhundert jeder zweite Schreiber im Reich ein Mönch war.

Das zweite Goldene Zeitalter

Während des 10. Jahrhunderts, als der Bilderstreit endgültig der Vergangenheit angehörte, begannen die Klöster ausgedehnten Landbesitz außerhalb ihrer eigenen Mauern zu erwerben. Sie wurden zunehmend wohlhabend, als ihnen Schenkungen frommer Wohltäter und mancher Kaiser zuflossen. Die Pachtzinsen und andere Einkünfte aus ihren fernen Landgütern, Werkstätten und städtischen Besitztümern füllten ihre Kassen, und darüber hinaus profitierten sie von großzügigen Steuererleichterungen; der Geldwert ihres festen und beweglichen Vermögens wurde mit Null beziffert. Jedoch nicht alle begrüßten den wachsenden Wohlstand der Klöster. Kaiser Nikephoros II. Phokas, der von 963 bis 969 regierte und vorhatte, sich für die letzten Jahres seines Lebens in ein Kloster auf dem Heiligen Berg Athos zurückzuziehen, war ein Anhänger des strengeren Begriffs vom »armen Mönchtum«. Seine asketische Natur empörte sich gegen den enormen Reichtum, der von den Klöstern angehäuft wurde, und er erließ 964 ein Edikt, das den weiteren Erwerb von Grundbesitz begrenzte. Großzügige Spender durften zwar noch verfallene oder aufgegebene Klöster wiederinstandsetzen, aber keine neuen Klöster mehr gründen. Dem Edikt war allerdings nur eine kurze Geltungsdauer beschieden. Der Mörder und Nachfolger Nikephoros', Johannes I. Tzimiskes, widerrief die Anordnung, und die Klöster dehnten ihre Ländereien wie bisher immer weiter aus.

Schätzungsweise gab es im Jahr 1000 im Reich über 7000 Klöster. In ihnen dürften etwa ein Prozent der Bevölkerung gelebt haben, und auf ein Kloster kamen im Durchschnitt knapp 26 Mönche. Während des 12. Jahrhunderts gab es allein in Konstantinopel und seinen Vororten 175 Klöster. Die kleineren Einrichtungen zählten höchstens zehn Mitglieder, während die größten, wie das Studion, mehrere hundert Mönche beherbergten. In einer Quelle wird sogar behauptet, im Studion hätten tausend Mönche gelebt, doch das ist wahrscheinlich übertrieben.

Die einzelnen Klöster unterschieden sich enorm in ihrer Größe, ihrem Einfluß und dem Bildungsstand ihrer Mitglieder. Neue Anstalten wurden von heiligen Männern oder reichen Laien, von Kaisern, Patriarchen und Priestern gegründet. Patriarchische Stiftungen unterstanden grundsätzlich der Aufsicht eines vom Patriarchen ernannten *sakellarios.* Kaiserliche Klöster wurden von Beamten des Kaisers geleitet, und manche wurden zu »Autodespoten« bestimmt, die keinerlei kirchlicher oder ziviler Rechtsprechung unterlagen. Gesetze hatten sich als untaugliches Mittel erwiesen, der Ausdehnung der Klöster Schranken zu setzen, doch der ausgeweitete Grundbesitz und religiöse Stiftungen stellten die Mönche selbst zunehmend vor Probleme, da sie die weitgestreuten Güter nicht mehr verwalten konnten. Eine Selbstbeschränkung wurde unausweichlich. Manche Klöster ernannten Aufseher, die sich um entfernter liegende Güter kümmerten, andere nahmen die kostspieligen Dienste eines Gutsverwalters in Anspruch.

Die letztgenannten Stiftungen wurden als »Charistikon«-Klöster bezeichnet. Ihr Verwalter oder Schirmherr, der *charistikarios*, verwaltete die klösterlichen Güter, indem er mit den Einkünften die Ausgaben des Klosters deckte und einen Gewinn für sich behielt. Die Obrigkeit unterstützte dieses Prinzip, da auf diese Weise der Klosterbesitz effizient verwaltet werden konnte. Viele Stifter standen diesem System jedoch mißtrauisch gegenüber. Es war gegen Mißbrauch nicht geschützt und ermöglichte hohe Gewinne, so daß sie in der Stiftungsurkunde bestimmten, das Kloster dürfe nie in ein Charistikon umgewandelt werden. Die Vorstellung von einem an wirtschaftlichen Gesichtspunkten orientierten landwirtschaftlichen Betrieb lief dem basilianischen Ideal so sehr zuwider, daß sie die gesamte Klosterbewegung in Frage stellte. Allerdings blieben die meisten Klöster dem Grundsatz der persönlichen Armut treu.

Auch die Einstellung der Mönche zur Bildung und Wissenschaft war von Kloster zu Kloster und von einer Mönchsgeneration zur nächsten verschieden. Von Anfang an hatten die Klostergründer die Notwendigkeit der Lektüre betont. Pachomios hatte festge-

Geflügelter Cherub. Mosaik im Kloster Nea Moni.

legt, wer ins Kloster eintrete, ohne lesen zu können, müsse als erstes lesen lernen, indem er sich dreimal täglich dem Studium widmete. Die Fähigkeit zu lesen machte jedoch aus einem Mönch noch keinen Gelehrten, und es spricht auch einiges dafür, daß viele Mönche, vor allem in ländlichen Klöstern, zeitlebens Analphabeten blieben. Natürlich hatte jedes Kloster so etwas wie eine Bibliothek, meist nur dürftig bestückt und schlecht unterhalten; andere, darunter die führenden Klöster des Athos und das Kloster des hl. Johannes auf Patmos, unterhielten bedeutende Sammlungen von Büchern und Urkunden, die weitgehend unversehrt erhalten sind. Die Klöster des bithynischen Olymps förderten religiöse Studien, während sich die Mönche und Einsiedler in den Felsenhöhlen Kappadokiens mehr der Kontemplation als der Lektüre von Büchern hingaben.

Tendenziell ermutigten die städtischen Klöster geistige Auseinandersetzungen eher als ihre Pendants auf dem Land, und bis in die letzten Jahrhunderte byzantinischer Herrschaft waren sie bedeutende Zentren der Gelehrsamkeit. Theodoros von Studion betonte den hohen Stellenwert von Klosterbibliotheken und legte Regeln für deren Benutzung fest: »An den Tagen, an denen wir keine körperliche Arbeit verrichten, schlägt der Bibliothekar einmal an eine Glocke; dann sollen sich alle Brüder dort versammeln, wo die Bücher aufbewahrt werden, und jeder nimmt eines davon mit, in dem er bis zum Abend liest. Bevor die Glocke zur Abendandacht ruft, wird sie vom Bibliothekar wiederum einmal angeschlagen, und alle bringen ihre Bücher nach der Liste wieder zurück.« Doch außerhalb der großen Städte und klösterlichen Zentren waren die Klöster häufig unwürdige Einrichtungen. Manche waren kaum mehr als Wohngemeinschaften, und in den schlimmsten hausten lauter Nichtstuer, Nichtswisser und Heuchler, die die Klosterschätze plünderten und wertvolle Bücher aus den Bibliotheken stahlen und verkauften.

Während der mittleren byzantinischen Periode wurde der wahre Eremit, der Stylit oder der Dendrit, immer seltener. Die letzten schriftlich bekundeten Styliten, zwei Männer namens Lukas, lebten beide im 10. Jahrhundert. Der jüngere war berühmt wegen seiner Prophetengabe und hatte einen gewissen Einfluß auf lokale Beamte. So suchten ihn Gouverneure in seiner Zuflucht in Styris auf und fragten ihn um Rat. Als er zutreffend vorhersagte, die Byzantiner würden 961 Kreta von den Arabern zurückerobern, drang sein Ruhm bis an den kaiserlichen Hof. Der Kaiser war so beeindruckt, daß er seine Einsiedlerklause nach seinem Tod in ein Kloster umwandeln ließ.

Die Zisterzienser und der Vierte Kreuzzug

Während das Mönchtum sich seines zweiten Goldenen Zeitalters erfreute, braute sich im Westen Unheil zusammen. Die Kreuzzüge waren ursprünglich unternommen worden, um die Byzantiner dabei zu unterstützen, die Muslime aus dem Heiligen Land zurückzuschlagen, doch die Venezianer und Franken machten bald deutlich, daß ihre Interessen über eine Befreiung Palästinas hinausgingen. Einige interessierten sich mehr für Handel und territoriale Erwerbungen als für religiöse Ideen, anderen war mehr daran gelegen, die beiden Kirchen zu einigen, als dem Vordringen des Islams Einhalt zu gebieten. Im Jahr 1204 richtete sich der Vierte Kreuzzug gegen Konstantinopel selbst, unter dem fadenscheinigen Vorwand, den Thronfolgestreit zu schlichten. Die Stadt wurde am 13. April geplündert, ihre Kirchen wurden geschändet, ihre Klöster beraubt und zerstört. In Böotien, auf der Peloponnes und Kreta und in anderen von den Lateinern eroberten Gebieten wurden die Mönche ebenfalls in ihrer Klosterruhe gestört. Die

Klöster auf dem Berg Athos verloren den größten Teil ihrer Güter im Hinterland der Halbinsel, erhielten diese allerdings zurück, als die nikäischen Kaiser, denen es nach dem Vierten Kreuzzug gelungen war, die Herrschaft über einen Teil des byzantinischen Territoriums zurückzugewinnen, 1224 auch Makedonien zurückeroberten.

Einige Klöster wurden von lateinischen Mönchen in Besitz genommen, so zum Beispiel in Daphni in der Nähe Athens, wo sich für mehr als 200 Jahre Zisterzienser niederließen. Der Zisterzienserorden, 1098 als Ableger der Benediktiner mit einer strengen Regel gegründet, hatte wesentlichen Anteil an den Vorbereitungen zum Vierten Kreuzzug und an der Besetzung Griechenlands durch die Franken. Nachdem man das eroberte Territorium auf die lateinischen Ritter verteilt hatte, begannen die fremden Mönche, eigene Häuser zu gründen oder Klöster zu übernehmen. Neben Daphni nahmen sie die Klöster Hosios Lukas und Orchomenos in Böotien, das Kloster von Vlacherna auf der Halbinsel Kyllene und die Abtei Zaraka am Stymphalischen See in Besitz.

Nach einer Weisung von Papst Innozenz III. bestand die Hauptaufgabe der Zisterzienser darin, auf eine Union zwischen Ost- und Westkirche hinzuarbeiten. Es war eine undankbare Aufgabe für die Zisterziensermönche, in einer feindselig eingestellten Bevölkerung zu wirken, die von ihren Landsleuten besiegt worden war, auch wenn sie dabei von den Tempelrittern, an deren Stelle später die Johanniter traten, sowie den Franziskanern und Dominikanern unterstützt wurden, die ihre eigenen Klöster auf dem Festland und auf mehreren Inseln unterhielten. Mit ihren Bemühungen sollten sie schließlich scheitern, doch haben sie ihre Spuren in Gestalt mehrerer eigenartiger Doppelkirchen hinterlassen, die zwei Schiffe aufwiesen, eines für die orthodoxen und eines für die katholischen Christen, so etwa die Doppelkirche des Klosters Hosios Lukas.

Die Renaissance unter Michael Palaiologos

In Konstantinopel wurde ein lateinisches Kaiserreich errichtet, das zwar nur 57 Jahre währte, sich jedoch nachhaltig auf das Klosterleben auswirkte. Als Michael VIII. Palaiologos die Stadt 1261 zurückeroberte, fand er ihre Klöster verarmt und in einem fortgeschrittenen Zustand des Verfalls vor. Einige waren völlig verschwunden; die meisten hatten ihr Stiftungsvermögen verloren. Michael gab den Klöstern die Mittel zum Wiederaufbau. Einige wenige neue Klöster wurden gegründet, doch Michael legte bereits bestehende Häuser zusammen und ließ deren Gebäude wiederherstellen, so daß größere, effizientere Wirtschaftseinheiten entstanden. Eine Tochter des Kaisers namens Maria, die Witwe eines Mongolenkhans, ließ das Kloster des hl. Demetrios wiederherstellen und erweitern. Später erhielt es den neuen Namen »Maria von den Mongolen«. Seine Kirche, die noch heute im Stadtteil Fener steht, war die einzige byzantinische Kirche, die nach dem Fall der Stadt an die Türken in griechischem Besitz blieb.

Gelegentlich diente die Gründung eines Klosters der Selbstverherrlichung statt der Frömmigkeit. Zwei Minister aus dem 14. Jahrhundert, Theodoros Metochites und Nikephoros Choumnos, stifteten neue Klöster, um sich später dorthin zurückzuziehen. Choumnos änderte seinen Namen in Nathaniel und starb 1327 als Mönch in seinem Kloster Soter Philanthropenos, einem der wenigen Doppelklöster der Stadt, in das trotz der bestehenden Gesetze auch Frauen aufgenommen wurden. Metochites, mit klösterlichem Namen Bruder Theoleptos, starb fünf Jahre später in seinem Chora-Kloster, dessen prächtige Kirche, die einige der schönsten Mosaiken der Zeit aufweist, noch heute in Istanbul als Kariye-Moschee zu bewundern ist.

Vom 13. bis zum 15. Jahrhundert lassen die Klosterbücher anhaltende Erwerbungen in Südmakedonien durch die Athos-Klöster erkennen, ebenso auf den Ägäischen Inseln und in der Nähe von Trapezunt am Schwarzen Meer, der damaligen Hauptstadt des griechischen Kaiserreichs von Trapezunt. Einige Gründungen erfolgten in Mistra, der Hauptstadt des Fürstentums Morea (Peloponnes), in Kastoria nahe der Grenze zu Albanien und in Megaspelaion (»große Höhle«) auf der Peloponnes. In Thessalien lenkte die zerklüftete Felsengruppe von Meteora, seit langem die Heimstatt von Eremiten, die Aufmerksamkeit serbischer Könige auf sich, die dort mehrere neue Häuser stifteten.

Die Mönche konnten außerdem ihren Einfluß auf die Kirchenpolitik vergrößern. Schon in den Tagen des Bilderstreits waren sie mit ihrer Auffassung mit dem kaiserlichen Hof in Konflikt geraten. Seitdem hatten sie in der Kirchenpolitik wenig zu sagen, doch vom 13. Jahrhundert an verfügten sie über ihre eigene Partei, die sich im Gegensatz zu den Kirchenoberen und zum Hof befand. Zutiefst konservativ, aber demokratisch, widersetzte sich die Mönchspartei hartnäckig allen Zugeständnissen, um eine Union mit Rom zu erreichen. Sie kritisierte den Luxus am Hof und die Autokratie des Kaisers und mißtraute den Philosophen in weltlichen Einrichtungen, die möglicherweise ihre Nase in theologische Angelegenheiten steckten. Aber sie war bereit, Bündnisse einzugehen, wenn sie sich einen Vorteil davon versprach, vor allem mit dem grundbesitzenden Adel, der ähnliche wirtschaftliche Interessen vertrat.

Die erste Partei, die als eigenständige oppositionelle Kraft hervortrat, war die der Arsenianer. Sie unterstützte den Patriarchen Arsenios Autorianos von Apollonia, einen gebildeten Mönch, der an der Spitze der Kirche stand, als Michael VIII. Palaiologos Konstantinopel von den Franken zurückeroberte. Noch bevor Michael die Stadt eingenommen hatte, stand Arsenios seinen Absichten skeptisch gegenüber. Der neue Kaiser hatte dem Kindkaiser Johannes IV. als Usurpator den Thron entrissen und trotz anfänglicher Versprechungen, dem Kind nichts anzutun, den Knaben 1262 blenden lassen. Der entsetzte Arsenios verhängte sogleich den Bann über Michael, und die Beziehungen zwischen Kaiser und Patriarch wurden zunehmend schlechter.

Michael sann auf Rache. Doch es sollte noch drei Jahre dauern, bis seine Proteste und Komplotte gegen Arsenios von Erfolg gekrönt wurden. Nachdem er einige Beamte des Patriarchats bestochen hatte, berief der Kaiser eine Synode ein, auf der Arsenios beschuldigt wurde, er habe bei Gottesdiensten den Namen des Kaisers übergangen und einem türkischen Emir erlaubt, die heilige Kommunion zu empfangen. Arsenios erklärte die Synode für unrechtmäßig und weigerte sich, auf ihr zu erscheinen. Wegen dieser Weigerung wurde er verurteilt, seines Amtes enthoben und schließlich in ein Inselkloster verbannt, wo er sieben Jahre später starb. Nachdem Arsenios ihm nicht mehr im Wege stand, bemühte Michael sich um Absolution für sein Verbrechen an Johannes IV. Unter einem späteren Patriarchen, Joseph von Galesia, wurde Michael schließlich von seiner Schuld losgesprochen, jedoch nicht ohne Gegenleistung. Er mußte ein Gesetz erlassen, mit dem die Dekrete des Patriarchen denen des Kaisers gleichgestellt wurden; der blinde Johannes erhielt eine stattliche Rente, und ein gedemütigter Michael bekannte im Büßergewand vor dem Patriarchen kniend seine Schuld.

Michaels Schuldbekenntnis konnte die Arsenianer jedoch nicht beschwichtigen. Die Klöster, die vor dem kaiserlichen Hof und den Kirchenoberen seit jeher auf der Hut gewesen waren, erkoren Arsenios zu einem Märtyrer, der sich in einer grundsätzlichen Frage mutig dem Kaiser widersetzt hatte. Sie fanden Unterstützung bei anderen in der Hierarchie, die dem kaiserlichen Einfluß auf die Kirche ebenfalls ablehnend gegenüberstanden. Die Arsenianer weigerten sich, Josephs Lossprechung anzuerkennen; für sie blieb der Kaiser exkommuniziert, seine Herrschaft unrechtmäßig, und seine Beamten waren in ihren Augen nichts anderes als die Speichellecker eines Usurpators. Die Hierarchie versuchte, die Oppositionellen aus ihren klösterlichen Ämtern zu drängen, doch viele von ihnen tauchten einfach unter. Diejenigen, die ihrer Ämter enthoben wurden, wanderten in härenem Gewand umher und predigten der Bevölkerung Widerstand. In den Provinzen fanden die Arsenianer starken Zulauf, in der Hauptstadt, wo Michael nach wie vor bei führenden Kirchenmännern Unterstützung fand, wurden sie jedoch erfolgreich unterdrückt.

Michael Palaiologos hatte noch andere Motive, warum er gegen andersdenkende Mönche vorging. Er strebte aus politischen wie religiösen Gründen eine Einigung mit Rom an, eine Politik, die die Ostkirche spaltete und von vielen Priestern, Mönchen und Laien verurteilt wurde. Er billigte das Unionskonzil, das 1274 von Papst Gregor X. in Anwesenheit des diskreditierten Expatriarchen Germanos in Lyon abgehalten wurde. Doch bevor er eine Einladung hätte zustande bringen können, starb Michael. Sein Sohn und Nachfolger Andronikos II. reagierte auf den breiten Widerstand des Volks, indem er die Politik seines Vaters umkehrte und die Befürworter einer Union der beiden Kirchen ihrer Ämter enthob. Nachdem eine Einigung nicht mehr zur Debatte stand und Michael tot war, gaben sich die Arsenianer zunehmend versöhnt und traten sogar in die Hierarchie ein. Trotzdem ließen sie eine Rumpfopposition zurück, die streng religiösen Zeloten, die für ein Leben in Askese und Kontemplation eintraten und den Hof und seine Gelehrten auch weiterhin feindselig bekämpften.

Innerhalb der Kirche standen den religiösen die politischen Zeloten gegenüber. Sie glaubten an die Möglichkeit einer Zusammenarbeit mit dem Staat und unterstützten den Mönch Varlaam, einen Gegner der mystisch ausgerichteten Hesychasten, die danach strebten, in ihrer Gottsuche göttlichen Frieden und Ruhe zu finden. In der aufgeregten Atmosphäre jener Zeit wurden die beiden Gruppen zwangsläufig in die dynastischen Auseinandersetzungen verwickelt, die das bereits verkleinerte Reich um die Mitte des 14. Jahrhunderts noch weiter schwächten. Grob gesprochen unterstützten die Mönche, die Landbewohner, der grundbesitzende Adel und die religiösen Zeloten Johannes VI. Kantakuzenos, den Usurpator, der sich 1341 in Didymoteichon in Thrakien zum Kaiser ausgerufen hatte. Die legitime Palaiologen-Dynastie erhielt dagegen die meiste Unterstützung von den Bewohnern der Hauptstadt, von den Gebildeten und von den oberen Rängen der Hierarchie.

In Thessalonike entwickelten sich die Dinge anders. Hier ergriffen im Jahr 1345 die politischen Zeloten die Macht, die gegen Kantakuzenos auf der Seite der Palaiologen-Dynastie standen. Nachdem sie den Mitgouverneur umgebracht hatten, riefen sie einen unabhängigen Stadtstaat aus und konfiszierten allen bischöflichen und klösterlichen Besitz. Sie behaupteten, im Namen des schlecht bezahlten Klerus zu handeln, und predigten lautstark gegen die Ungleichheit der Kirchenstiftungen. Doch sie verloren schnell die Unterstützung der Priester und Mönche, deren Interessen sie angeblich vertraten. 1349 marschierte Johannes Kantakuzenos auf die Stadt, schlug den Aufstand nieder und ließ die führenden Zeloten ins Gefängnis werfen. Damit war die Revolte beendet, und Kantakuzenos hatte seine Macht gefestigt, doch am Ende sollte die Palaiologen-Dynastie den Sieg davontragen.

Die Zelotenfrage hing eng mit einer weiteren Streitfrage zusammen, der Debatte um die sogenannten Hesychasten, die sich als ebenso polarisierend erwies wie der Bilderstreit 500 Jahre zuvor. Im 14. Jahrhundert waren die Mönche besonders mit der wahren Natur des göttlichen Lichts und mit der Frage beschäftigt, wie man sich Gottvater vorzustellen habe. Niemand zweifelte daran, daß er existierte, aber konnte er durch einfache Sterbliche erkannt werden? Und wie ließ sich eine rein mystische Erfahrung mit den beschränkten Begriffen der Sprache beschreiben?

Der hesychastische Zugang zur Kontemplation erhielt neue Impulse durch die Lehren des Gregorios, der zu Beginn des 14. Jahrhunderts sein Kloster auf dem Berg Sinai verließ, um durch Griechenland zu reisen. Nachdem er sich von einem kretischen Asketen in der Kontemplation hatte unterweisen lassen, brachte er sein Wissen zum Berg Athos, wo er bald eine Gruppe von Schülern um sich scharte, darunter auch den zukünftigen Patriarchen Kallistos I. In der Zurückgezogenheit ihrer Klausen empfingen Gregorios und seine hesychastischen Anhänger angeblich das Licht des göttlichen Gesichts, indem sie bestimmte körperliche und meditative Übungen durchführten. Die Mönche saßen schweigend vornüber gebeugt und hatten die Augen fest auf die Nabelgegend gerichtet. Dabei wiederholten sie immer wieder das »Jesusgebet«: »Jesus Christus, Sohn Gottes, erbarme dich meiner!« Auf diese Weise behaupteten sie, das »unerschaffene Licht« zu erfahren, dasselbe göttliche Licht, das Christus auf dem Berg Tabor verklärt und seine Jünger geblendet hatte.

Nicht alle akzeptierten die Behauptungen der Hesychasten. Der erste, der ihre Lehren in Zweifel zog, war Varlaam, ein griechischer Mönch aus Kalabrien in Süditalien. Im Jahr 1330 begab er sich nach Konstantinopel, wo er die führenden Theologen der Hauptstadt attackierte, bevor er seinen Zorn gegen die Mönche des Athos richtete. Unterstützt von den politischen Zeloten, bezichtigte er vor dem Patriarchen Johannes Kalekas der Häresie. Und die Mönche wurden als unwürdige *omphalopsychoi* verspottet, als Leute, deren Seele in ihrem Nabel wohnte. Die Anhänger der Hesychasten kamen ihren Vorbildern jedoch sogleich zu Hilfe. Einer ihrer Wortführer war Gregorios Palamas, ein Eremit der Einsiedelei zum hl. Savas auf dem Berg Athos, der ein hesychastisches Manifest verfaßte, das von seinen Mitbrüdern gutgeheißen wurde. Im Jahr 1341 wurde die hesychastische Lehre auf einem in Konstantinopel einberufenen Konzil bestätigt, und der gekränkte Varlaam segelte zurück nach Italien.

Die in Konstantinopel aufgeworfene Streitfrage war damit jedoch noch lange nicht geschlichtet. Varlaams umfassender Angriff auf den Hesychasmus war bald vergessen, während die Auseinandersetzungen subtiler wurden. Die Behauptungen der Hesychasten, sie könnten Gott sehen, hatten weiterreichende theologische Konsequenzen. Palamas unterschied zwischen dem Wesen und den Kräften Gottes. Seinem Wesen nach war Gott für die menschlichen Sinne nicht wahrnehmbar, doch durch seine göttlichen Kräfte konnte er dem Menschen seine Gegenwart kundtun. Für Palamas war das Licht der Verklärung, das von geübten Hesychasten erlebt wurde, eine Manifestation dieser Kräfte. Einige führende Theologen waren dagegen anderer Meinung. Indem er einen Unterschied zwischen den Kräften und dem Wesen Gottes machte, setzte Palamas sich Vorwürfen eines Dualismus aus. Seine Behauptungen grenzten an Häresie.

Als maßgeblicher Widersacher Palamas' trat diesmal Nikephoros Gregoras auf, ein konservativer Gelehrter, der überzeugt war, daß die dem Hesychasmus innewohnende Vorstellung von Gott ketzerisch sei. Er fand einflußreiche Unterstützung innerhalb der Geistlichkeit und der Schicht der Gebildeten in der Hauptstadt. Ausschlaggebend war, daß in den Augen der Kaiserin Anna und des Patriarchen Kalekas die Lehren Palamas' der orthodoxen Lehre widersprachen. Die Beschlüsse des palamitischen Konzils wurden widerrufen, der Hesychasmus wurde verurteilt, und Gregorios Palamas wanderte ins Gefängnis. Die rücksichtslose Behandlung der Angelegenheit durch die Kaiserin sorgte dafür, daß die überwiegende Mehrheit der Mönche den eingekerkerten Palamas fanatisch unterstützten. Ihre Stunde kam 1347, als der Usurpator Johannes VI. Kantakuzenos auf die Stadt marschierte, Palamas freigelassen und sein Freund Isidor zum Patriarchen ernannt wurden. Auf einem weiteren Konzil wurde schließlich im Jahr 1351 die Praxis des Hesychasmus samt allen Konsequenzen, die sich aus dieser Lehre ergaben, von der byzantinischen Kirche akzeptiert.

Arme Mönche in reichen Klöstern

Während in Konstantinopel der theologische Streit tobte, machte sich in den Provinzen in der Bevölkerung wachsender Unmut über den maßlosen Reichtum der Klöster bemerkbar. Die Klöster hatten in der Vergangenheit eine erstaunliche Fähigkeit bewiesen, enormen Grundbesitz anzuhäufen, und sich mit Erfolg dagegen gewehrt, daß auch nur ein Teil davon wieder in die Hände von Laien oder des Kaisers fiel. Der Unmut hatte sich besonders deutlich in der gescheiterten Revolte der Zeloten gezeigt, doch hatte er bereits seit längerer Zeit im Volk geschwelt. Gegen Ende des 12. Jahrhunderts schilderte der byzantinische Chronist Erzbischof Eustathios von Thessalonike, daß Mönche die Armen unter Drohungen und die Reichen unter Schmeicheleien dazu brachten, ihr Hab und Gut den Klöstern zu vermachen, und daß sie die Spender vergaßen, sobald sie ihr Ziel erreicht hatten. Für einen byzantinischen Bauern machte es kaum einen Unterschied, ob er klösterliche, private oder kaiserliche Äcker bearbeitete, doch wuchs sein Groll gegen Institutionen, die Armut predigten und Reichtümer anhäuften.

Wie groß der Anteil an Grund und Boden war, der sich damals in Klosterbesitz befand, läßt sich unmöglich feststellen; ein Forscher hat behauptet, in den letzten Jahrhunderten byzantinischer Herrschaft habe etwa die Hälfte des Reiches den Klöstern gehört. Es war in jedem Fall ein beträchtlicher Anteil, und irgendwann mußte man den Klöstern Einhalt gebieten. Schließlich sahen sich die Kaiser durch die schlechter werdende wirtschaftliche Lage zum Handeln gezwungen. Im November 1367 verteilte Johannes V. Palaiologos klösterlichen Grundbesitz an seine unzufriedenen Soldaten.

Der asketische Patriarch Athanasios I., der sein Amt von 1289 bis 1293 und von 1303 bis 1309 bekleidete, sprach sich dafür aus, Kirchengüter an wohltätige Einrichtungen und klösterlichen Besitz an den Staat zu geben. Der im 14. Jahrhundert lebende humanistische Mystiker Nikolaos Kasabilas teilte diese Ansichten: »Ist es nicht besser, wenn wir mit [klösterlichem] Geld Soldaten bewaffnen, die für diese Kirchen, für diese Gesetze, für diese Mauern sterben werden, als wenn dieselben Summen unnütz von Mönchen und Priestern ausgegeben werden, deren Bedürfnisse nach Speise und Trank und anderem geringfügig sind, denn sie bleiben in der Heimat, haben ein schützendes Dach und begeben sich nicht in Gefahr?« Und ein zur selben Zeit lebender Bischof von Philadelphia, Theoleptos, verurteilte die in seinen Augen schädlichen Auswirkungen des Gelderwerbs auf das spätbyzantinische Mönchtum.

Theoleptos und Kabasilas sprachen jedoch für eine Minderheit. Die meisten Klöster folgten noch immer dem koinobitischen Ideal und genossen den Rückhalt der Bevölkerung. Und die kritischen Stimmen der wenigen gingen ohnedies in den erhitzten Debatten der Hesychasten und religiösen Zeloten unter, die von den wirtschaftlichen und politischen Realitäten ihrer Zeit weit entfernt waren. Die Klöster waren in ihrem Religionsstreit so sehr befangen, daß sie die ernste Lage, in der sich das Reich befand, gar nicht wahrnahmen. Byzanz wurde von allen Seiten bedroht, und während die Mönche über das Wesen der göttlichen Offenbarung stritten, fielen die Türken aus dem Osten ein, eroberten Makedonien und mit ihm den Heiligen Berg Athos und schließlich, im Jahr 1453, auch Konstantinopel, die glanzvolle und unvergleichliche Hauptstadt.

Byzanz gab es nicht mehr. Die Hauptstadt der östlichen Orthodoxie war vom Islam gewaltsam genommen worden. Die früheren klösterlichen Zentren in Kleinasien, Kappadokien und auf dem bithynischen Olymp verfielen innerhalb kürzester Zeit. Doch in den griechischen Provinzen konnte sich das Mönchtum behaupten. Es war nur noch ein Schatten seiner selbst, aber während der Zeit der türkischen Besatzung pflegte das Mönchtum den byzantinischen Geist und nährte die Seele des griechischen Volkes.

Die Hüter des Hellenismus

Es gibt manches, was für die Annahme spricht, daß in Griechenland der am wenigsten korrumpierte Teil der Bevölkerung wohl die Mönche sind und daß die Tugend, die unter anderem als Folge der Unterdrückung den oberen Schichten ausgetrieben wurde, unter ihnen so etwas wie ein Refugium gefunden hat; denn der türkische Staat hat sie stets stärker geschützt oder zumindest weniger verfolgt als die anderen Stände der Gesellschaft.

Reverend George Waddington in einem Brief
aus dem Kloster der Strophaden, Mai 1820

Nach dem Fall Konstantinopels 1453 sollten die Organisation und der Geist der orthodoxen Kirche und ihrer Klöster nie mehr dieselben sein wie vorher. Ein Großteil des griechischen Festlands war von den Türken bereits zuvor erobert worden, doch es war die Einnahme der Großen Stadt, des Zentrums der byzantinischen Welt, die schließlich dem Reich ein Ende bereitete. Unter den Türken genossen die Griechen auch weiterhin Religionsfreiheit, doch sie waren jetzt die Gefangenen einer fremden Macht, Bürger zweiter Klasse in ihrer eigenen Heimat. Auch wenn es dem griechischen Geist gelang, weitgehend im Schutz der Kirche und ihrer Klöster zu überleben, verblaßte das Licht der Orthodoxie. In vielen Kirchen waren die Kerzen auf immer erloschen. Die langen finsteren Jahrhunderte, die von den Griechen als die Zeit der Türkenherrschaft bezeichnet werden, währten bis zum Ende des großen Unabhängigkeitskriegs 1827; ein Großteil Makedoniens einschließlich der Klöster auf dem Berg Athos und Westthrakien blieb sogar bis 1912 in türkischer Hand, und Kreta wurde erst 1913 an Griechenland zurückgegeben.

Die Beziehungen zwischen Türken und Griechen, vor allem unter der einfachen Bevölkerung, waren durchaus freundlich. Es gab außerdem neben den brutalen und gewissenlosen auch weise und versöhnungsbereite Sultane. Nach der Plünderung Konstantinopels suchte Sultan Mehmet »der Eroberer« die Freundschaft der Griechen. Ohne ihre Mitarbeit bestand wenig Hoffnung für die Wirtschaft – die Türken hatten kaum ein Interesse an Handel und Gewerbe, und die wenigsten von ihnen waren gute Seeleute –, und der Sultan war auf die Unterstützung der Kirche angewiesen. Der frühere Patriarch Gregorios Mammas war nach Italien geflohen, so daß Mehmet sich nach einem neuen geistlichen Führer umsah. Er brauchte einen romfeindlichen, antiwestlichen Patriarchen, der sich nicht in Intrigen des Auslands verwickeln ließ.

GEGENÜBER:
Die türkische Besetzung des griechischen Festlands hat sich stilistisch auf die griechische Architektur nicht ausgewirkt. Auf Kreta, das 400 Jahre lang von den Venezianern beherrscht wurde, zeigt sich hingegen der italienische Einfluß deutlich in der Kirche des Klosters Arkadi. Die 1587 umgebaute Fassade vereint in der Linienführung der Giebel ein barockes Element mit der Formensprache der Renaissance.

Der Sultan fand seinen Mann in dem Mönch Gennadios, der als Sklave in Adrianopel lebte. Gennadios, mit bürgerlichem Namen Georgios Skolarios, einer der begabtesten Gelehrten in Konstantinopel, wurde von seinem neuen Herrn freigelassen und in die Stadt zurückgeleitet. Sechs Monate später, am 6. Januar 1454, wurde er in sein Amt eingeführt. Mehmet selbst installierte den neuen Patriarchen mit den Worten: »Seid Patriarch, und das Glück sei mit Euch, und seid unserer Freundschaft versichert, indem Ihr alle Privilegien behaltet, deren sich auch die Patriarchen vor Euch erfreut haben.«

Nachdem die Schrecken der Eroberung der Vergangenheit angehörten, begann die Herrschaft Gennadios' unter optimistisch stimmenden Vorzeichen. Er und der Sultan kamen häufig in der Seitenkapelle der Patriarchenkirche zusammen, um über Religion und Politik zu diskutieren. Doch die konservative Opposition innerhalb der Kirche und eine Verschlechterung der Beziehungen zwischen Muslimen und Christen machten seiner Amtszeit ein schnelles Ende. Schließlich gab er sein Amt 1457 resigniert auf und zog sich auf den Berg Athos und dann in das Kloster zum hl. Johannes in Serrai zurück, wurde allerdings später erneut auf den Thron des Patriarchen berufen.

Bettelmönche

Die Zahl der gebildeten Griechen, die nach 1453 aus Konstantinopel flohen, ist häufig überschätzt worden. Griechische Gelehrte hatten die Stadt seit dem Beginn der lateinischen Besetzung verlassen, und daran hatte sich während der letzten Jahrhunderte vor dem endgültigen Fall von Byzanz nichts geändert. Die Eroberung der Stadt hatte allerdings einen weiteren Exodus zur Folge. Manche Gelehrten entschieden sich für die Zurückgezogenheit einer Klosterzelle; andere zog es nach Kreta, Italien und den Westen. In der Hauptstadt wurden die Kirchen und Klöster bald in Moscheen umgewandelt. Das einst berühmte Studion-Kloster überlebte den Fall Konstantinopels, feierte 1462 sein tausendjähriges Bestehen und hielt seinen Betrieb noch fast ein halbes Jahrhundert lang aufrecht. Doch um das Jahr 1500 wurde die Johanneskirche in eine Moschee umgewidmet, und die wenigen Mönche, die dort noch wohnten, wurden gezwungen, sich eine andere Zuflucht zu suchen. Überall, wo Türken sich niederließen, wurden Kirchen und der zugehörige Grundbesitz im Namen Allahs enteignet.

Augenzeugenberichte aus Thessalonike, das 1430 an die Türken gefallen war, schilderten entsetzt das Schicksal der Kirchen und Klöster der Stadt. Nach Johannes Anagnostes Diegesis wurden viele »zu gewöhnlichen Häusern gemacht … um in den Worten der Propheten zu sprechen: ›Sie rissen die Heiligtümer Gottes mit Hacke und Axt nieder.‹ Andere behielten von ihrer Schönheit nur die Ruinen und ihre Lage; die meisten zerfielen, so daß niemand mehr sagen kann, wo sie sich einst befunden haben.«

Mindestens ein Kloster, das Vlatadon, überlebte die Belagerung, indem seine Mönche einem Bericht zufolge mit Sultan Murat II. kollaborierten. Sie rieten ihm, die Rohrleitungen, durch die die Stadt mit Wasser von den Chortiatis-Bergen versorgt wurde, abzusperren. Kurze Zeit darauf mußte die Stadt sich ergeben, und die Mönche wurden unter den Schutz des Sultans gestellt. Die Landgüter des Vlatadon wurden zwar konfisziert, doch erhielten die Mönche zum Ausgleich anderes Land, unter anderem Weinberge, Olivenhaine und Gärten. Außerdem waren sie von der Zahlung des Zehnten und sonstiger Steuern befreit. Das Kloster erlebte danach einen bescheidenen Wiederaufschwung; es existiert noch heute und beherbergt das bedeutende Institut für patristische Studien.

GEGENÜBER:
Die Kirche des Klosters Kaisariani liegt an den einstmals grünen Hängen des Hymettos am Stadtrand von Athen. Seit der Antike berühmt, als in den Hügeln eine philosophische Schule blühte, ist der Hymettos auch der Ort eines heiligen Wassers, der Widderhaupt-Quelle, die vom römischen Dichter Ovid in seiner Ars Amatoria *besungen wird.*

Mit einem kunstvoll gearbeiteten Steinkreuz geschmückte Nische an der Stirnwand der Kirche des Kaisariani-Klosters.

In der nachbyzantinischen Zeit ging die Zahl der Klöster und Mönche drastisch zurück. Nach Schätzungen zählten die Klöster auf dem Land im Durchschnitt nur noch drei bis vier Mönche. Die Zahl der Mönche war starken Schwankungen unterworfen. Die Große Lavra vom Berg Athos hatte 1054 schätzungsweise 700 Mönche. 1623 lebten dort nur noch sechs oder sieben, doch 1677 war ihre Zahl nach John Covel wieder auf rund 450 angestiegen. Außerdem entstanden neue große Nonnenklöster, wenngleich nicht allzu viele. 1669 beherbergte das Kloster der hl. Theodora in Thessalonike 150 Schwestern; das Marienkloster ebenda zählte 80 Nonnen, und zweihundert Jahre später lebten auf Chios 250 Schwestern in zwei Nonnenklöstern.

Die Klöster auf dem Land hatten eine wesentlich höhere Überlebenschance als Mönchsgemeinschaften in der Stadt, was zum Teil mit der Form der türkischen Eroberungen und ihrer späteren Politik gegenüber den Griechen zusammenhing. Wenn eine befestigte Stadt sich weigerte, sich zu ergeben, wurde sie nach der Eroberung geplündert, und alle bestehenden Eigentumsrechte wurden außer Kraft gesetzt. In den Städten traten auch viele Christen zum Islam über. Diese Umstände und die Neubevölkerung der Städte durch Muslime aus anderen Regionen bedeutete, daß die Sultane ihr Reich vermittels der Städte regierten. Blieb ein ländliches Kloster im Besitz seiner Ländereien, dann hatte es eine Chance zum Überleben; wurden ihm jedoch seine Stiftungen entzogen, verfiel es nach kurzer Zeit. In den eroberten Gebieten konnten allein die Athos-Halbinsel und das Kloster des hl. Johannes auf Patmos als Ausnahmen von der Regel günstige Vereinbarungen mit den Türken treffen, die wesentlich dazu beigetragen haben, daß sie sich bis heute erhalten konnten.

Eine weitere Ausnahme von der allgemeinen Hoffnungslosigkeit in den Klöstern bildete Kreta, das noch lange Zeit nach dem Fall Konstantinopels in venezianischer Hand blieb. Die Insel profitierte sogar von der Eroberung der Stadt durch die Türken. Viele Mönche, Gelehrte und Künstler aus der Hauptstadt ließen sich auf Kreta nieder und leiteten eine Renaissance ein, die berühmte kretische Malschule, die die Kirchen und Klöster der Insel mit neuen Bildern und Ikonen bereicherte. Sie entwickelte einen eigenen Malstil, bei dem die byzantinische Formenstrenge durch den italienischen Einfluß gemildert wurde, und erreichte ihren Höhepunkt unter zwei Meistern. Der erste, Damaskinos, arbeitete von 1574 bis 1582 in Venedig und auf den Ionischen Inseln, bevor er nach Kreta zurückkehrte. Der zweite und berühmtere, Domenikos Theotokopoulos, der Ikonenmaler, der als El Greco berühmt wurde (1541–1614), ging erst nach Venedig und Rom, bevor er sich in Spanien niederließ. Mit dem Verlust ihres bedeutendsten Exponenten suchte sich auch die übrige kretische Schule ein neues Wirkungsfeld in den Meteora-Klöstern Thessaliens und auf dem Heiligen Berg Athos.

Unter venezianischer Herrschaft stand das Klosterleben auf Kreta in Blüte. Noch 1632 zählte die Insel 376 Klöster, von denen einige, wie das 1587 erbaute Arkadi-Kloster mit seiner italienischen Fassade, stark von den architektonischen Konventionen der Renaissance geprägt waren. Zu dieser Zeit gab es 4000 Mönche bei einer Gesamtbevölkerung von 200 000 Kretern, vermutlich ein höherer Anteil als in jeder anderen Region Griechenlands. Doch auch Kreta erlag nach dem Fall Herakleions 1669 schließlich dem Ansturm der Türken, auch hier leerten sich die Klöster und verfielen nach wenigen Jahrzehnten.

In Griechenland insgesamt waren die Klöster, die sich am Leben halten konnten, in der Regel verarmt, ihre Ländereien waren ihnen großenteils genommen, und an die Stelle der bisherigen Exemtion traten drückende Steuern. Unter der Osmanenherrschaft lebten die Klöster ebenso wie die Kirchen in einem fast ständigen Zustand der Verschuldung. Mönche wurden zu Bettlern. Heilige Männer besuchten immer wieder die Dörfer, im Gepäck die Listen früherer Spender, auf der Suche nach Gaben, die ihre

Häuser zumindest bis zur nächsten Kollekte am Leben halten konnten. Ein Mönch, Dapontes aus dem Xeropotamou-Kloster, verließ 1757 den Athos mit der angeblichen Reliquie vom Wahren Kreuz aus dem Klosterschatz, deren Echtheit von zwei gefälschten Urkunden bezeugt wurde. Das Kreuz wirkte offenbar Wunder, denn acht Jahre später kehrte Dapontes mit so viel Spendengeldern auf den Athos zurück, daß damit das Kloster wiederaufgebaut werden konnte.

Acht Jahre zuvor behauptete John Covel, der erste Engländer, der über den Athos schrieb, daß von den 450 Mönchen der Großen Lavra mindestens 150 im Ausland unterwegs seien, um dort um Almosen zu betteln: »Sie haben einige überall, wo orthodoxe Christen leben, und wenn sie heimkehren, gehen andere als Kirchenboten aus … Manche gehen bis nach Rußland, Moskau (ich bin hier zweien begegnet, die in Archangel[sk] waren), Morea [Peloponnes], Palästina, Stambul, Smyrna etc., und sie erzählen mir jetzt, daß die meisten ihrer Einkünfte auf diese Weise zu ihnen gelangen …, und wenn gereifte Männer von Ansehen eine ordentliche Menge Geld zurückbringen, werden sie im Jahr darauf unweigerlich zu Hegoumenoi gemacht.«

Mit dem materiellen Niedergang der Klöster verfiel auch die Disziplin. Zum Teil in der Absicht, den Unterhalt der Klöster zu sichern, gab man die Vorbehalte gegenüber idiorrhythmischen Häusern zunehmend auf. Diese Einrichtungen erlaubten angehenden Mönchen, einen Großteil ihres Privatvermögens zu behalten. Sie verzichteten auf

Das Kaisariani-Kloster wurde bereits im 11. Jahrhundert gegründet. Die Wandgemälde, unter ihnen einige der besten nachbyzantinischen Malereien, stammen aus dem 17. und 18. Jahrhundert. Über dem Eingang zum Narthex befindet sich eine farbenprächtige Darstellung der Stiftshütte, 1682 ausgeführt von dem peloponnesischen Künstler Ioannis Hypatos.

das Armutsgelübde, und die Gehorsamsregeln waren weniger streng. Die ersten idiorrhythmischen Klöster auf dem Athos gab es zum Ausgang des 14. Jahrhunderts, doch ihre Verbreitung war die logische Antwort auf die drückende materielle Not, und die Blüte der Idiorrhythmie fiel in die Zeit des Türkenjochs. Überhaupt ließ sich unter den veränderten Bedingungen mit drei bis vier alten Mönchen keine echte koinobitische Gemeinschaft halten. Selbst die Lebensweise der den basilianischen Regeln verpflichteten Mönche näherte sich zunehmend dem Leben der Inklusen an, die in locker organisierten Lavren hausten. Eine kleine Schar von Mönchen, die in einem für eine weit größere Zahl ausgelegten Kloster wohnten, muß eine bedrückende Existenz geführt haben, auch wenn ihr wahrer Geist nicht in der materiellen Welt zu finden war.

Hinter verschlossenen Türen

Die Armut der griechischen Klöster während der Türkenzeit darf jedoch nicht allzusehr überschätzt werden. Bereits unter byzantinischer Herrschaft war es den Klöstern höchst unterschiedlich ergangen. Zweifellos gab es eine Krise, Geld war knapp, doch etliche Klöster konnten überleben, und in ihnen befanden sich noch immer zahlreiche liturgische Schätze. In den Bibliotheken fertigten Mönche als Schreiber auch weiterhin erstaunliche Mengen von Handschriften an. Drei Viertel der Manuskripte in den Athos-

Das Gleichnis vom verlorenen Sohn (1682), eines der zahlreichen Bildfelder im Narthex des Kaisariani-Klosters, in denen Szenen aus den Gleichnissen und dem Buch Jakob dargestellt sind. Die üppige Verwendung von Farbe und fast volkstümlicher Elemente ist weit entfernt von den früheren byzantinischen Traditionen, wie sie sich in der makedonischen und kretischen Schule finden.

Das Gleichnis vom Zöllner und dem Pharisäer (1682). In der für die griechische Wandmalerei des 17. Jahrhunderts charakteristischen Weise sind die Figuren klar konturiert, die Falten ihrer Gewänder schematisch wiedergegeben, und die ganze Szene ist wie in anderen Bildern im Narthex von einem dunklen, bedrohlich wirkenden Himmel abgesetzt.

Klöstern, die das reichhaltigste Quellenmaterial über das orthodoxe Mönchtum enthalten, stammen aus der Zeit nach 1500. Die Athos-Klöster vermehrten ihre Sammlungen noch, indem sie andere Bibliotheken aufkauften, so etwa die des reichen griechischen Kaufmanns Michael Kantakuzenos, der 1578 von den Türken hingerichtet wurde. Wenn den Äbten eine solche Gelegenheit geboten wurde, fanden sie anscheinend immer Mittel und Wege, das nötige Geld aufzutreiben.

Auch auf dem Gebiet der Malerei behaupteten sich alte Traditionen in abgelegenen Gebieten des alten Reichs. Mehrere Klöster in Ioannina sind mit bemerkenswerten Fresken aus dem 16. und 17. Jahrhundert geschmückt, und im Kaisariani-Kloster (Kässariani, am Stadtrand von Athen) gibt es fast vollständig erhaltene Wandgemälde aus dem Jahr 1672. Unter dem Einfluß der kretischen Schule war in den Klöstern des Athos das 16. Jahrhundert die produktivste Periode der Wandmalerei, doch viele Werke wurden in späteren Jahrhunderten übermalt.

Überhaupt blieb der Athos während der ganzen Zeit des Türkenjochs ein bedeutendes spirituelles Zentrum, und seine Stellung erhöhte sich noch, da er Konstantinopel als Bollwerk des griechischen Mönchtums ablöste. Konstantinopel war zwar noch immer Sitz des Patriarchen und das Zentrum nichtkirchlicher Gelehrsamkeit, doch in der Hauptstadt der Türken gab es kaum noch Mönche. Die Kirche war schwach und unterwürfig und hatte zum religiösen Leben und Denken wenig beizutragen. Der Bildungsstand ging zurück. Im Jahr 1555 äußerte sich der deutsche Professor Martin Crusius bestürzt, als er von der schlechten Bildung der Griechen hörte. Einige arme Schulen lehrten die Knaben zwar noch das Horologion, das Oktoechon, die Psalter und andere liturgische Texte. »Doch selbst unter den Priestern und Mönchen gibt es nur wenige, die diese Bücher wirklich verstehen.«

Auf dem Athos bemühte man sich, den Unterricht am Leben zu halten. Maximos Hagiorites, 1480 in Arta geboren, reiste als junger Mann weit umher und studierte in Paris und Italien. Bei seiner Rückkehr nach Griechenland ließ er sich auf dem Heiligen Berg nieder, wo er im Bewußtsein des unschätzbaren Werts von Bibliotheken als Bibliothekar des Klosters Vatopedi Berühmtheit erlangte. Damaskenos von Studion, ein bekannter Homilienverfasser, hat wahrscheinlich auf der Athos-Halbinsel studiert. Und Gelehrte wie der Kreter Maximos Margunios, der 1602 starb, trugen das Ihre zu den Athos-Bibliotheken bei. Die meisten seiner lateinischen Bücher sowie eine handschriftliche Kopie der alten griechischen Tragödiendichter befinden sich heute noch im Kloster Iviron. Doch auch auf dem Athos ging die Bildung im Lauf des 18. Jahrhunderts zurück. Von wenigen Ausnahmen abgesehen lagen die Bibliotheken verwaist. Manuskripte wurden als Einwickelpapier benutzt oder an vorbeireisende Bibliophile verscherbelt.

Reiseberichte

Während der Türkenherrschaft, vor allem in den beiden letzten Jahrhunderten, begann eine wachsende Zahl von Reisenden griechische Klöster zu besuchen, und die meisten von ihnen äußerten sich entsetzt über das niedrige Niveau von Mönchen und Priestern. Einige Autoren, vor allem westliche Katholiken, hegten aufgrund ihrer Ablehnung gegen die orthodoxe Kirche unverhohlene Vorurteile. »Es ist deprimierend, den blinden Gehorsam dieser sogenannten Mönche zu sehen«, schrieb Robert de Dreux, »von denen die meisten so unwissend sind, daß sie sich bereits für gebildet halten, wenn sie lesen können, und einige von ihnen behaupten sogar, sie bräuchten nicht zu beichten, weil sie absolute Macht über andere hätten.«

Andere Besucher zeigten sich weniger streng in ihren Urteilen. Der englische Adlige Robert Curzon, Autor des 1849 erschienenen Klassikers *Visits to Monasteries in the Levant*, war religiöser Vorurteile unverdächtig. Er fühlte sich zu den Klöstern, vor allem zu ihren Bibliotheken hingezogen; dennoch begann er seine Reise mit der Bemerkung: »Mönche sind ein Volk von müßigen, leichtlebigen Schmarotzern, entweder eingefleischte Heuchler oder der Ignoranz und Faulheit verfallen.« Nachdem er zahlreiche Klöster aufgesucht hatte, darunter auch die auf dem Athos und den Meteora-Felsen, gelangte er erleichtert zu dem Schluß, daß die meisten Mönche in Wirklichkeit doch anders seien, als er vermutet hatte: ruhig und schlicht, gleichwohl in völliger Unkenntnis von der Welt lebend.

Die moderne Medizin etwa war auf dem Heiligen Berg so gut wie unbekannt, die Mönche griffen im Krankheitsfall auf Rezepturen der Volksheilkunde zurück. Athelstan Riley machte 1883 eine merkwürdige Bekanntschaft mit der Klostermedizin. Während seines Besuchs im Koutloumousiou-Kloster auf dem Athos klagte sein Dolmetscher über Ohrenschmerzen. Ein alter Mönch wurde gerufen, der die Ohren des Dragomans in Augenschein nahm und ein Fläschchen mit dickflüssigem gelbem Öl, einen Zweig und einen baumwollenen Lappen holte. Bei der gelben Flüssigkeit handelte es sich um »Rattenöl«, das, wie der Führer erklärte, auch andernorts in Griechenland verabreicht würde. »Man nimmt eine neugeborene Ratte aus dem Nest«, erläuterte der Medikus, steckt sie in eine Flasche mit Öl und stellt sie in die Sonne. Nach einigen Wochen ist von der Ratte nichts mehr zu sehen, sie hat sich ganz in dem Öl aufgelöst. Dann verkorkt man die Flasche und bewahrt das Öl für den Gebrauch auf.« Offenbar eignete sich das Rattenöl auch zur Behandlung anderer körperlicher Leiden.

Der Reisende und Priester George Waddington behauptete, die Mönche seien tugendhaft geblieben und weniger korrupt als andere Griechen. Vielleicht war es so, doch die Mönche auf den Strophaden (einige winzige Inseln im Ionischen Meer südlich von Zakynthos), wo er seine Erfahrungen gesammelt hatte, waren eine sehr abgelegene Gemeinschaft. Waddington schilderte eine idyllische, fast autarke Gemeinschaft, die ihr Getreide und Gemüse selbst anbaute. Die Mönche verkauften Vieh, um die Pacht zu bezahlen, »und sie bessern ihre Einkünfte geringfügig durch den Verkauf von Turteltauben auf, die sich während ihres Zugs in Scharen hier niederlassen und von den Mönchen erlegt oder gefangen werden; sie schicken sie auch in Essig eingelegt nach Zante [Zakynthos]; weiter reicht ihr Verkehr mit anderen Menschen nicht.«

Waddington fand auf den Strophaden freundliche Aufnahme. Eines Morgens, als er sich mit dem Abt auf dem Weg zum Frühstück befand, wurde er zu seiner Überraschung mit einem Böllerschuß geehrt. Auch andere Besucher aus dem Ausland wurden hier herzlich empfangen, vor allem Lord Byron, dessen tatkräftige Unterstützung des Hellenismus ihm überall in Griechenland Tür und Tor öffnete. Im August 1823 besuchte er Kephallenia, damals ein Teil des britischen Protektorats der Ionischen Inseln, als Londoner Vertreter des Komitees für die Befreiung Griechenlands. Am ersten Tag machten er und seine kleine Gesellschaft sich auf den Weg, um den Abend in dem weißgetünchten Kloster des hl. Kosmas oberhalb der Stadt Same zu verbringen. Byron war in schlechter Verfassung und litt unter ständig wiederkehrenden Anfällen, denen er bald erliegen

In der untersten Zone der Altarraum-Apsis stellen die Wandbilder aus dem 18. Jahrhundert den hl. Athanasios, Patriarch von Alexandria, und den hl. Johannes Chrysostomos, beides Kirchenväter, dar. Der letztere, Patriarch von Konstantinopel im 5. Jahrhundert und einer der besonders verehrten griechischen Väter, begründete eine Doktrin, die die Macht der Priester über die des Staates stellte.

OBEN:
Die Ikone »Groß bist du, o Herr!«, aus dem Jahr 1770, illustriert biblische Szenen, darunter Christus und die Samariterin am Brunnen, in naiver Behandlung der Details. Dieses Meisterwerk kretischer Malerei von dem kreto-venezianischen Künstler Ioannis Kornaros wird im Kloster Toplou auf Kreta aufbewahrt.

Ein weiterer Ausschnitt aus der Ikone zeigt den Auszug aus Ägypten und die Teilung des Roten Meers.

Darstellung der Taufe Christi (Ausschnitt aus der Ikone »Groß bist du, o Herr!«).

Meeresszene aus einer Ikone des Klosters Toplou auf Kreta aus dem 18. Jahrhundert.

sollte, und der Aufstieg erschöpfte den jungen Dichter noch mehr. In der Nähe des Klosters stieß er auf einige geöffnete Sarkophage, kletterte in den tiefsten von ihnen, legte sich auf den Rücken und begann zu rezitieren: »Ach, armer Yorick!«

An diesem Punkt trat eine Begrüßungsgruppe von Mönchen aus dem Kloster, um die britischen Philhellenen zu begrüßen. Der Abt, den Byron als »weinerlichen Zittergreis« beschrieb, führte die Väter in ihren grauen Mönchsgewändern, die singend ihre Weihrauchfässer schwangen, in die einleitenden Zeremonien des Abends. Als der Gesang geendet hatte, ging der Abt zum Höhepunkt über und hielt eine blumige und weitschweifige Rede, mit der er die Geduld des gepeinigten Byron aufs äußerste strapazierte. Diesen überfiel wieder einer seiner Krampfanfälle, und er brüllte den Abt an: »Kann mich denn niemand von der Gegenwart dieses Wahnsinnigen erlösen?« Ein lähmendes Schweigen befiel die ganze Gesellschaft, der Abt aber wischte sich betrübt die Stirn und sagte nur: »Der arme Kerl, er ist verrückt.«

Der Anfall Byrons nahm im Innern der Klostermauern an Heftigkeit zu. Mit wild rollenden Augen, fieberheißer Stirn und unter heftigen Magenkrämpfen zerrte er sich die Kleider vom Leib, riß die Bettücher in Fetzen und schlug auf die Möbelstücke in seinem Zimmer ein. Schließlich verabreichte ihm einer seiner Gefährten zwei Pillen, und im Kosmas-Kloster kehrte eine erleichterte Ruhe ein. Am nächsten Morgen ließ es Byron voller Reue an keiner Achtungsbezeigung gegenüber dem gekränkten Abt fehlen, und gegen Mittag brach die Gesellschaft zum Rückweg nach Same auf.

Flagge zeigen

Byron mochte auf den Abt einen schlechten Eindruck gemacht haben, doch seine Propaganda und seine entschieden türkenfeindliche Gesinnung waren der Sache der Unabhängigkeit Griechenlands sehr förderlich. Seit der Französischen Revolution hatte sich unter den Griechen der Geist der Rebellion bemerkbar gemacht, ermutigt durch wachsende intellektuelle Kontakte mit dem übrigen Europa. Führende Persönlichkeiten entwickelten ihre Pläne für eine politische Freiheit. Einige, wie Adamantios Korais, lehnten die orthodoxe Kirche und die byzantinische Vergangenheit als Vorbild für ein unabhängiges Griechenland ab. Korais hatte für Religion wenig übrig und suchte seine Inspiration statt dessen im Griechenland des Altertums. Der Dichter Rhigas, der die Griechen in seinen Liedern an ihre glanzvolle Vergangenheit erinnerte, hatte etwas komplexere Vorstellungen, wie man den Balkan vom Türkenjoch befreien könne.

Während die Intellektuellen Pläne schmiedeten und redeten, begannen die griechischen Bauern zur Tat zu schreiten. Geächtete Männer, sogenannte Klephten, gingen in die Berge und lebten von Überfällen auf türkische Grundbesitzer, verschonten aber auch christliche Kaufleute und Reisende aus dem Ausland nicht. Für die einfache Dorfbevölkerung wurden sie zu Volkshelden gleich Robin Hood, deren Raubzüge den reichen, fremden Unterdrückern galten. Sie konnten stets auf den Rückhalt des Volkes rechnen und Zuflucht im nächstgelegenen Kloster finden.

Die Klephten entwickelten sich bald zu einer echten Bedrohung für die türkische Obrigkeit, und unter der Regierung Selims III. versuchte man, die Räuberbanden unschädlich zu machen. Selim wurde vom Patriarchen unterstützt, der ein Dekret erließ, in dem er jeden Popen oder Mönch zu exkommunizieren drohte, der den Klephten Unterschlupf gewährte oder sich weigerte, mit den Behörden zusammenzuarbeiten. Die meisten Angehörigen des höheren Klerus befolgten das Dekret widerwillig, doch die

GEGENÜBER:
Das im 14. Jahrhundert errichtete Kloster Hagios Ilias in Sitsa, nördlich von Ioannina, eines von mehreren Klöstern, die Lord Byron besuchte. Links im Eingangstor erinnert eine Tafel an seinen Besuch:
»Monastic Zitsa! From Thy Shady Brow Thou Small But Favoured Spot of Holy Ground!«
Byron, 13. Oktober 1809.

Dorfpopen und Mönche waren empört. In den griechischen Provinzen wuchs der Groll gegen die etablierte Kirche, denn die einfachen Mönche und Bauern hatten kaum eine Vorstellung von der schwierigen Lage des Patriarchen in Konstantinopel.

Die Einstellungen gegenüber der Kirchenhierarchie kamen in einem Buch mit dem Titel *Die neue Geographie* zum Ausdruck, das 1791 in Wien erschien und auf einem Manuskript beruhte, das aus dem Territorium des Osmanischen Reiches herausgeschmuggelt worden war. Das von den beiden griechischen Mönchen Georgios Konstantas und Demetrios Philippides geschriebene Buch beschuldigte die Kirchenoberen, sie dienten den Interessen der Türken und ließen sich von diesen kaufen. Die niedere Geistlichkeit dagegen sei schlichtweg bildungsfeindlich und unwissend. Diese Vorwürfe wurden auch in anderen Werken erhoben, so in einem 1806 anonym erschienenen Buch unter dem Titel *Die hellenische Nomarchie [Departementsverwaltung] oder Ein Wort über Freiheit*. Einige Mitglieder in der Umgebung des kirchlichen Oberhaupts vertraten sogar die Ansicht, eine echte religiöse Lebensführung sei unter der Türkenherrschaft eher möglich als unter dem Geist der Revolte.

Die Revolutionäre und Planer einer griechischen Unabhängigkeit konnten vom Patriarchat schlecht eine Führung erwarten, und sie erhielten sie auch nicht. Doch in den Provinzen gab es viele Geistliche und Mönche, die zur Unterstützung bereit waren. Als die Zeit schließlich gekommen war, den Unabhängigkeitskrieg zu beginnen, der seit 1814 von der geheimen »Vereinigung von Freunden«, der *Hetairia ton Philikon*, vorbereitet worden war, wurde ein Kloster auserwählt, von dem ein symbolisches Fanal ausgehen sollte. Am 25. März 1821 pflanzte Germanos, der Metropolit von Patras im Kloster Hagia Lavra bei Kalavrita auf der Peloponnes die Fahne der Revolution auf. Damit hatte der griechische Unabhängigkeitskrieg begonnen.

Der Kampf um Unabhängigkeit war ein sich lang hinziehender Krieg, an dem sich einige Klöster höchst aktiv beteiligten. Nach seinem Fanal im Kloster Hagia Lavra kehrte Bischof Germanos an der Spitze eines Heers von tausend bewaffneten Bauern nach Patras zurück. In den vordersten Reihen sangen marschierende Mönche und Popen Psalmen und versprachen jedem die Märtyrerkrone, der in dem bevorstehenden Kampf gegen die Türken sein Leben verlieren würde. In Patras wurden auf den Dächern türkischer Moscheen Kreuze errichtet, auf dem Hauptplatz stellte man eine große Christusikone auf, und am Abend leiteten die Mönche des Klosters Megaspelaion die Soldaten im Gebet. Die Mönche und Geistlichen auf der Peloponnes standen fest hinter der Revolution, allen voran das Megaspelaion. Als Hilfe benötigt wurde, ernannte das Kloster zwei seiner Brüder, die als Führer einer Einheit von 70 Mönchen eine belagerte Stadt in der Nähe entsetzen sollten; alle entbehrlichen Kupfergegenstände des Klosters, Gerätschaften ebenso wie Türknäufe, wurden für die Produktion von Munition eingeschmolzen.

Lokal begrenzte Aufstände brachen nördlich des Golfs von Korinth aus, als hier die Nachricht vom Aufstand auf der Peloponnes eintraf. Doch auf dem Athos wurden zur tiefen Enttäuschung der revolutionären Führer alle Mönche, die zu einem Kampf bereit gewesen wären, von ihren vorsichtigen Äbten zur Ordnung gerufen. Das war ein schwerer Schlag für die Hetairia, die darauf gehofft hatte, die Vorräte der Klöster an Gewehren und Kanonen, die zur Verteidigung gegen Räuber und Piraten stets bereitlagen, einsetzen zu können. Einzelne Mönche unterstützen weltliche griechische Kämpfer auf dem Festland, doch die meisten schwankten und zogen sich ins Innere der Klostermauern zurück, als die erwartete russische Unterstützung ausblieb.

Bald kam den Behörden zu Ohren, daß einige Athos-Mönche sich gegen die Türken erhoben hätten. Wegen des Verrats ihrer Mönche wurden die Äbte zu einer Strafe von 3000 Beuteln Gold verurteilt, und in Karyes, dem Hauptort des Heiligen Bergs, quartierten die Türken eine Garnison ein, die bis zum Ende des Kriegs nicht wieder abgezogen wurde. Jede potentielle Unruhe auf dem Athos war damit im Keim erstickt, doch in den folgenden Jahren flohen etwa die Hälfte der Mönche von der Halbinsel, um andernorts der Sache der Unabhängigkeit zu dienen.

Als die revolutionäre Unruhe anschwoll, suchte Sultan Mehmet II. Hilfe im Ausland. 1825 landeten ägyptische Truppen unter Ibrahim Pascha an der Küste der Peloponnes, um Nauplion einzunehmen, das zum nationalen Zentrum des Aufstands geworden war. Auf dem Weg zur Hauptstadt passierte Ibrahim Pascha die Gegend in der Nähe des Megaspelaion-Klosters, dessen Mönche er zur Kapitulation aufforderte, ohne ihnen jedoch bestimmte Gegenleistungen zuzusagen. Die Mönche wollten nichts davon hören, und der Abt Ibrahim ließ wissen: »Was für eine Großtat wäre es, Mönche zu besiegen, doch noch größer wäre die Schmach, von ihnen besiegt zu werden, denn wir sind entschlossen, hier zu sterben. Deshalb sagen wir Euch, geht und unterwerft zuerst Griechenland, dann werden wir uns Euch ergeben.« Am Ende ging die Begegnung zwischen Ibrahim und den Mönchen unentschieden aus. Die ägyptischen Soldaten ließen sich zwar von den Klostermauern abschrecken, doch dafür gelang es ihnen, mit den Schaf- und Ziegenherden des Klosters abzuziehen.

Es gab allerdings nur wenige Klöster, die die Revolution so unbeschadet überstanden wie das Megaspelaion. 1829 bereiste der französische Philosoph Edgar Quinet die vom Krieg schlimm verwüstete Peloponnes. Während eines kurzen Aufenthalts in Mykene besuchte er das nahe gelegene Voukarno-Kloster aus dem 16. Jahrhundert. Wegen seiner isolierten Lage hatte Ibrahim Pascha dort seinen Harem untergebracht. Als Quinet zum Kloster kam, hatten die Frauen es bereits wieder verlassen, doch die Mönche waren noch nicht zurückgekehrt: »Die *kalogerai* [Mönche] hatten sich in die umliegenden Höhlen geflüchtet. Das Innere des Kirchengewölbes war von Gewehrkugeln durchsiebt; die Köpfe der gemalten Heiligen an der Wand waren fast vollständig verbrannt. Vergeblich suchte ich nach Überresten der Bibliothek. In den Zellen fand ich statt Büchern und Manuskripten nur Säbel und einige Pistolengürtel.«

Viele Klöster und Kirchen wurden während der Revolution stark beschädigt, doch noch schmerzlicher traf die Kirchenführer, daß die Kirche manches von ihrem früheren Ansehen und Einfluß eingebüßt hatte. Ein Großteil ihrer Mittel war dahin, einige ihrer besten Vertreter, Äbte und Bischöfe, waren gefallen oder verwundet, und ihre Bedeutung als Anführerin der Revolution ging zurück. Weltliche Führer unter dem Einfluß westlicher Anschauungen gewannen zunehmend die Oberhand. Im neuen Griechenland der Zukunft sollte der Kirche die Zuständigkeit für das Rechts- und Bildungswesen entzogen werden. Doch noch Schlimmeres stand den Klöstern bevor.

Die Enteigneten

Im Jahr 1832 war Griechenland von einem mehr als zehnjährigen Krieg verheert, in dem die Kämpfe zwischen den Fraktionen im eigenen Land ebenso erbittert geführt wurden wie der Krieg gegen die Türken. Das Land brauchte eine einigende Persönlichkeit, um der drohenden Anarchie Einhalt zu gebieten. Die Wahl fiel auf einen höchst ungewöhnlichen Mann: Ein siebzehnjähriger Katholik aus Bayern namens Otto wurde der erste König Griechenlands. Auch seine Regierung bestand aus Ausländern. Georg von Maurer, ein liberaler Protestant, war weitgehend für die rechtliche und religiöse Grundlegung des neuen griechischen Staates verantwortlich. Als Leiter des Kirchenministeriums sah er eine seiner ersten Aufgaben in der Reorganisation der Kirche, und im März 1833 wurde eine kirchliche Kommission aus drei Kirchenvertretern und drei Laien ernannt, »um die Situation der griechischen Kirche und der Klöster festzustellen«.

Die Empfehlungen der Kommission waren radikal. Nach elf Jahrhunderten der Einheit unter dem Patriarchat von Konstantinopel taten die Bischöfe des freien Griechenlands den bedeutungsschweren Schritt, sich von der Großen Kirche abzuspalten, und gründeten die autokephale Kirche Griechenlands. Der neu konstituierte Heilige Synod wurde zum obersten Organ der Kirche, und die Zuständigkeiten von Kirche und Staat wurden neu aufgeteilt. Unter dem Einfluß säkular denkender Intellektueller wurde die Kirche dem König unterstellt, der seine Gewalt durch das Ministerium für Religion und Erziehung ausübte. Der Staat kontrollierte die weltlichen Angelegenheiten der Kirche, vor allem die Klosterregeln und die Verfügung über klösterliches Eigentum.

Die neuen Befugnisse der Regierung hatten fast sofort die Auflösung der meisten griechischen Klöster und die umfassende Konfiszierung klösterlicher Güter zur Folge. Die Entschlossenheit der Regentschaft zu einer Reform war unerwartet und in der bisherigen griechischen Geschichte ohne Beispiel. Selbst die Verfolgung der Bilderdiener tausend Jahre früher hatte sich vermutlich nicht so stark auf das mönchische Leben ausgewirkt. Obwohl es in Griechenland vergleichsweise wenig Mönche gab, bemühten sich die neuen westlichen Regierenden des Landes, jede mögliche Quelle einer politischen Abweichung auszuschalten. Die Mönche waren die Hauptgegner einer Kirchenreform, und es bestand der starke Verdacht, daß ihre Sympathien nicht beim Zaren von Rußland lagen, dem vermutlichen Beschützer des Patriarchen. Die griechischen Reformer und die westlichen Männer an der Spitze der Regierung hielten auch nichts von einer mittelalterlichen Lebensweise, dem Inbegriff eines orientalischen Obskurantismus, der den neugeschaffenen Staat auf seinem Weg in die Moderne zu behindern drohte.

Nur weniges vom klösterlichen Leben blieb in dem Bericht der Kommission unberührt, in dem von weitverbreiteten Mißbräuchen, unmoralischem Verhalten, Vernachlässigung der Liturgie und unzulässiger Aneignung von klösterlichen Gütern und Geldern die Rede war. Im Hinblick auf die Mönche, die sich schwerer Vergehen schuldig gemacht hatten, wurden sogar strafrechtliche Schritte vorgeschlagen. Die Zahl der Klöster im Griechenland vor dem Unabhängigkeitskrieg ist umstritten, doch die meisten Quellen nennen eine Zahl von über 500 in den befreiten Gebieten. Wenn man diese Zahl zugrunde legt, dann kam auf 100 km^2 und 1500 Einwohner ein Kloster. Die Klostertypen selber waren von einer verwirrenden Vielfalt. Einige unterstanden noch immer unmittelbar dem Patriarchen in Konstantinopel, während andere, die Gemeindeklöster, dem nächsten Bischof unterstellt waren. Eine Minderheit klösterlicher Anwesen und Güter waren Außenstellen größerer Gemeinschaften, deren Stammsitz zum Teil außerhalb der befreiten Gebiete lag. Und es gab sogar private Klöster, die von ihren Stiftern oder deren Erben verwaltet wurden.

Dieses komplexe System hatte Verwaltungsprobleme und Streitigkeiten um Besitzrechte an Klostergut zur Folge. Am Ende empfahl die Kommission, jedes Kloster mit weniger als drei Mönchen zu schließen, und die Regentschaft hob diese Mindestzahl später auf sechs an. Alle schwer beschädigten oder zerstörten Klöster sollten unabhängig von der Zahl der dort ansässigen Mönche ebenfalls aufgelöst werden.

Die amtlichen Zahlen aus jener Zeit sind höchst widersprüchlich, weil zum einen nicht klar definiert war, was als Kloster gelten sollte, und weil zum anderen die Erhebung selbst auf Schwierigkeiten stieß; doch ein Bericht des Finanzministeriums aus dem Jahr 1843 gibt in diesem Punkt umfassende Auskunft. Dort werden 593 Klöster im freien Griechenland vor der Auflösung genannt. Von diesen wurden 412, mehr als zwei Drittel, aufgelöst und 151 fortgeführt. Andere wurden als ausländische Besitztümer oder

als Privatgüter anerkannt oder waren in Pfarrkirchen umgewidmet worden. Ein späterer Bericht des Heiligen Synods von 1858 verzeichnete 148 Klöster mit 1579 Mönchen und vier Nonnenklöster mit 116 Nonnen, knapp unter der erforderlichen Mindestzahl von 30 Nonnen pro Kloster.

Von Maurer behauptete, die klösterlichen Gelder seien verschwendet oder von gewissenlosen Verwandten unterschlagen worden. Ab jetzt sollten die Ausgaben der Klöster strenger überwacht werden. Die Einkünfte aus den konfiszierten Ländereien flossen einem neuen Kirchenfonds zu, aus dem ein Teil den größeren Klöstern und den Gemeindekirchen und ein Teil den Elementarschulen zugute kommen sollte. Die noch bestehenden Klöster mußten außerdem Steuern auf lokaler und nationaler Ebene zahlen. Anfangs wurden die Steuern von staatlich beauftragten Steuereinnehmern erhoben, die sich zuvor um eine entsprechende Lizenz beworben hatten. Dieses System war freilich nicht vor Mißbräuchen sicher, und 1838 ging die Regierung zu festen Summen über, die von den Klöstern unmittelbar an das Finanzministerium zu zahlen waren.

Die Regentschaft sorgte nicht nur für eine Verringerung der Zahl der Klöster, sondern kontrollierte über den Heiligen Synod von Griechenland auch das Leben der einzelnen Mönche. Vor allem wurden die Reisen von Mönchen stark eingeschränkt. Bislang konnten Mönche ungehindert im Land umherwandern, verehrte Ikonen und heilige Reliquien mit sich führen und für ihre Klöster oder sonstige Zwecke Geld sammeln. Jetzt waren sie verpflichtet, mit dem Abt Rücksprache zu halten und die Erlaubnis der Bischöfe einzuholen, in deren Diözese sie predigen wollten.

OBEN LINKS:
Eine Treppe führt zu den früheren Zellen der Mönche im Kloster Hagios Philanthropinos aus dem 16. Jahrhundert, eine der vier Gemeinschaften, die auf einer kleinen Insel im See von Ioannina gegründet wurden. In einem der Klöster wurde Ali Pascha, der »Löwe von Ioannina«, unter den Osmanen despotischer Gouverneur von Nordgriechenland, 1822 von den Türken ermordet.

OBEN RECHTS:
Ein Winkel in dem aus dem 18. Jahrhundert stammenden Panagia-Kloster auf der schmalen Pelion-Halbinsel. Unter der türkischen Besatzung wurde diese abgelegene, stark bewaldete Region zu einem Zufluchtsort griechischer Kultur und klösterlichen Lebens.

Zu Ende des 18. Jahrhunderts war ein Großteil der nachbyzantinischen Kunst zu einer Art volkstümlichem Kitsch herabgesunken. Dieses ungewöhnliche, fast archaisch anmutende Basrelief eines Geistlichen aus dem Jahr 1795 schmückt den Eingang zur Kirche des Panagia-Klosters auf dem Pelion.

GEGENÜBER:
Am Abhang des Olymps lebt heute ein einziger Mönch im Kloster des hl. Dionysios. 1828 von den Türken und 1943 erneut von den Deutschen zerstört, werden das Hauptgebäude und das Katholikon in Erwartung eines neuen Zustroms von Mönchen zur Zeit restauriert.

Bald folgten weitere Erlasse und Verordnungen. Von nun an mußten regelmäßige Berichte über den klösterlichen Grundbesitz und die täglichen Einnahmen und Ausgaben verfaßt sowie persönliche Angaben zu den Mönchen gemacht, von lokalen Beamten bestätigt und anschließend dem Kirchenministerium zugeschickt werden. Hochzeiten und Taufen waren in Klöstern nicht mehr erlaubt. Und die Regentschaft erließ neue Bestimmungen über die Wahl von Äbten.

Auch die griechischen Nonnenklöster entgingen den einschneidenden Reformen von Maurers nicht. Die Angaben über die Zahl der Nonnenklöster in Griechenland vor der Revolution schwanken zwischen 18 und 40, doch nach einem Regierungsdekret vom 25. Februar 1834 gab es darüber keine Ungewißheit mehr. Alle Nonnen mußten seitdem in einer von drei Einrichtungen – für Attika, für die Peloponnes und für die Ägäischen Inseln, letztere auf Thera – untergebracht werden. Die reformierten Nonnenklöster hatten allerdings Schwierigkeiten, die Auflagen der Regierung zu erfüllen. Bis zum Ende des Jahres waren die Klöster in Attika und auf der Peloponnes zur Schließung gezwungen, auch wenn ein weiteres Kloster auf Ägina eröffnet wurde, weil sie die Mindestbelegung von 30 Nonnen nicht erreichten. Der Heilige Synod hatte sich kritisch zum »verwerflichen Treiben« in den Nonnenklöstern geäußert, in denen die schlechten Handlungen die guten überwiegen würden. Der Synod forderte moralische Besserung und verfügte zu diesem Zweck, alle Nonnen unter 40 Jahren müßten zu einer weltlichen Lebensweise zurückkehren, sofern sie nicht den Nachweis führen könnten, daß sie sich voller Hingabe dem Klosterleben widmeten und einen tadelsfreien Lebenswandel führten. Ebenso wie die Männerklöster unterstanden jetzt auch die Frauenklöster einer strengen Aufsicht. Die Nonnen konnten Kandidaten für das Amt ihrer Äbtissin benennen, doch die letzte Entscheidung darüber wurde vom Heiligen Synod getroffen.

Die Reformen von Maurers betrafen zwangsläufig nur Klöster im befreiten Teil Griechenlands. Viele griechische Provinzen, darunter Makedonien, Westthrakien und Kreta, befanden sich noch immer unter dem Türkenjoch, und hier blieb die Organisation der Klöster paradoxerweise unangetastet. Die Klöster auf dem von den Türken beherrschten griechischen Territorium unterstanden überwiegend weiterhin dem Patriarchen in Konstantinopel, obwohl einige von ihnen die Revolution unterstützt hatten. Nachdem der Aufstand auf der Peloponnes begonnen hatte, erhob sich bald darauf auch Kreta in Waffen für ein freies Griechenland. Doch diesen Aufstand konnten die Türken mit Hilfe ägyptischer Truppen schnell niederschlagen.

Weitere Aufstände, die zunehmend von den reichen, unter venezianischer Herrschaft gegründeten Klöstern unterstützt wurden, folgten 1841 und 1856. Eine der blutigsten Revolten ereignete sich zehn Jahre später, als kretische Aufständische, die »Palikaren«, die türkische Armee auf der Apokoronas-Ebene zur Kapitulation zwangen. Doch der Pascha forderte Verstärkungstruppen aus Konstantinopel an, und im Herbst 1866 griffen die Türken das befestigte Kloster Arkadi an, bislang ein Bollwerk der Rebellen. Es kam zu einem erbitterten Kampf, und nach zwei Tagen war jeder weitere Widerstand gegen die überlegenen türkischen Kräfte sinnlos geworden.

Statt sich jedoch zu ergeben, zündeten die Verteidiger das Pulvermagazin an und sprengten auf diese Weise Hunderte von Frauen und Kindern, die im Innern des Klosters Schutz gesucht hatten, sowie sich selbst und einige der türkischen Angreifer in die Luft. Insgesamt kamen 830 Menschen dabei um, darunter auch Vater Gabriel, der Abt des Klosters und Anführer des Widerstands. Die Nachricht von der Tragödie verbreitete sich rasch in Westeuropa, was der kretischen Sache viel Sympathie und Unterstützung eintrug. Doch trotz der Empörung und weiterer Rebellionen behielt die Türkei noch für ein halbes Jahrhundert die Herrschaft über die Insel. Die formelle Vereinigung Kretas mit Griechenland erfolgte erst 1913.

Überreste des »Wegs«

Das Kloster des heiligen Lukas wird von seinem Panegyriker als der Stolz von Hellas und als Königin unter den Klöstern gepriesen, und zwar wegen seiner Kirche, die an Pracht und Größe in ganz Griechenland nicht ihresgleichen haben dürfte.

Dr. Richard Chandler, *Travels in Greece*, 1776

Das Kloster Hosios Lukas in der Nähe von Delphi steht noch heute und ist eines der vollständigsten und interessantesten byzantinischen Bauwerke aus dem 11. Jahrhundert. Dank häufiger Restaurationen befindet es sich heute wahrscheinlich sogar in einem besseren Erhaltungszustand als zu Chandlers Zeit. Das Lukas-Kloster ist jedoch eine Ausnahme; von den meisten mittelalterlichen Klöstern ist heute kaum noch etwas erhalten. Kriege und Erdbeben, Enteignungen und Verfall sowie die Verwüstungen der Ikonoklasten haben alle ihren Tribut gefordert, so daß die meisten Klöster nur noch aus Dokumenten bekannt sind.

Viele byzantinische Klöster waren bereits lange vor der Eroberung Konstantinopels durch die Türken verschwunden. Von 92 im 6. Jahrhundert gegründeten Klöstern existierten im 15. Jahrhundert nur noch zwei. In der dazwischenliegenden Zeit waren weitere Gründungen erfolgt, doch um 1450 gab es in ganz Konstantinopel nur noch 18 Klöster. Vor allem das zerstörerische Werk der ikonoklastischen Kaiser war der Grund, warum sich kaum Überreste der frühen Klöster erhalten haben und warum die meisten griechisch-byzantinischen Klöster, die heute noch stehen, aus späteren Jahrhunderten byzantinischer Herrschaft stammen.

Es gibt allerdings einige prachtvolle Exemplare, von denen die meisten in diesem Buch vorgestellt werden. Die wichtigsten erhaltenen Zentren des Mönchswesens, die Athos- und die Meteora-Klöster, werden in späteren Kapiteln behandelt. Es gibt jedoch mehrere Einzelklöster von so herausragender architektonischer, künstlerischer oder spiritueller Bedeutung, daß sie mehr als nur eine beiläufige Erwähnung verdienen. Auf Patmos steht das befestigte Kloster des hl. Johannes, das einst der »Berg Athos der Ägäis« genannt wurde. Auf dem griechischen Festland sind das Kloster Hosios Lukas an der Grenze zwischen Böotien und Phokis und das Daphni-Kloster in der Nähe von Athen wegen ihrer byzantinischen Mosaiken bemerkenswert. Die Klöster in Mistra, der einstigen Hauptstadt des Despotats Morea (Peloponnes), verdienen ebenfalls eine besondere Erwähnung, da sie einen Bestandteil des letzten Zentrums byzantinischer Kultur gebildet haben.

FOLGENDE SEITEN:
Das Johannes-Theologos-Kloster auf Patmos, eines der bedeutendsten Heiligtümer der christlich-orthodoxen Kirche. Gegründet 1089 von dem Mönch Christodulos, wurde es im Lauf der Zeit um mehrere Kapellen, eine Trapeza und die massiven Befestigungsmauern (im 17. Jahrhundert) erweitert.

GEGENÜBER:
Die untere Dachterrasse bietet einen Blick auf den Hauptinnenhof, die Glockenwand, die mit Zinnen versehenen Mauern und auf das türkisfarbene Wasser der Ägäis.

Offenbarungen auf Patmos

Von allen Klöstern Griechenlands, die in spektakulärer Lage auf einem Berg errichtet wurden, hat keines mehr Ähnlichkeit mit einer mittelalterlichen Burg als das Kloster des hl. Johannes auf Patmos. Seine massige, mit Zinnen bewehrte monolithische Gestalt thront hoch über der kleinen Stadt Chora (Patmos), deren blendend weiß gekalkte Häuser die Wuchtigkeit des Klosters nur noch deutlicher zur Geltung bringen. Von außen wirkt Hagios Ioannis nicht einmal wie ein Kloster, auch wenn es deutliche Anzeichen dafür gibt: einen Glockenturm, der hinter der Brustwehr aufragt, und die kleine Kuppel der Kapelle zu den Zwölf Aposteln, die zu Füßen der Westmauern hingekauert liegt.

Auch andere Klosterkomplexe sind befestigt, vor allem auf dem Berg Athos, doch hat man bei ihnen den Eindruck von Mauern, hinter denen die Mönche Schutz finden sollen. Die Verteidigung war zweifellos auch in Patmos das Hauptziel, doch hier ist der Gesamteindruck der einer militärischen Macht; man erwartet fast, auf eine Batterie von Kanonen zu stoßen. In den Tagen, als Piraten und Seeräuber in der Ägäis ihr Unwesen trieben, war der äußere Eindruck von physischer Stärke ein deutliches Signal, vor dem fremde Flotten allerdings nicht zurückschreckten. Normannen, Türken und Kreuzritter, sie alle haben zu irgendeiner Zeit die Insel besetzt; die Einnahme des Klosters selbst ist ihnen allerdings nie gelungen.

Erst wenn der Besucher den Festungskomplex durch einen dunklen, gewundenen Gang betreten hat, gewinnt er allmählich den Eindruck, daß er sich nicht in einem Kastell, sondern in einem Kloster befindet. Innerhalb der Mauern stößt er auf ein Labyrinth aus gepflasterten Innenhöfen, großen Torbögen und weißgetünchten Kuppeln. Überwölbte Gänge führen von der alten Trapeza (Speisesaal) in die Hauptkirche, wo Hagios Ioannis Theologos, der hl. Johannes der Evangelist, auf einem Fresko aus dem 17. Jahrhundert abgebildet ist, wie er gerade einen Absatz aus seiner Offenbarung diktiert. Der hl. Johannes, der von der Überlieferung als Verfasser der Offenbarung oder Apokalypse genannt wird, wurde im Jahr 95 vom römischen Kaiser Domitian nach Patmos verbannt, weil er in Ephesos das Evangelium gepredigt hatte. Möglicherweise hat er einzelne Teile dieses Buchs tatsächlich selbst geschrieben, eine Reihe von moralischen Ermahnungen in Briefen an die sieben christlichen Kirchen Kleinasiens, während er auf Patmos lebte. Die Umstände, unter denen die Apokalypse abgefaßt wurde, sowie ihre Bedeutung haben unter Theologen und Historikern heftige Debatten ausgelöst. Doch für echte Patmospilger kann es keinen Zweifel geben. Auf dem felsigen Gelände auf halber Strecke zwischen Patmos Skala, dem Haupthafen der Insel, und dem Kloster liegt eine verwahrloste Grotte, deren Wände von der Stimme Gottes gespalten wurden und in der nach der lokalen Überlieferung der hl. Johannes seine apokalyptische Vision hatte.

Nach Domitians Tod im Jahr 97 ging Johannes wieder nach Ephesos; er ließ Patmos menschenleer zurück. Zweieinhalb Jahrhunderte später, als das Byzantinische Reich zum Christentum übertrat, wurde an der Stelle eines heidnischen Tempels eine kleine Basilika errichtet; eine kleine Christenschar ernährte sich hier mühselig auf dem steinig-trockenen Boden. Die Inselbewohner verließen jedoch Patmos während des 6. Jahrhunderts nach Überfällen arabischer Piraten. 500 Jahre lang war Patmos erneut so gut wie unbewohnt, bis 1088 Kaiser Alexios I. Komnenos das Eiland – verbunden mit einer Steuerbefreiung – dem hl. Christodulos vermachte, einem Abt aus Kleinasien, der dort ein Kloster zum hl. Johannes dem Evangelisten gründen wollte.

Die Bauarbeiten am Kloster begannen im Jahr darauf. »Ich begann mit einer Burg, ich machte sie so hoch ich konnte«, schrieb Christodulos, doch er hatte die Arbeiten an den Nebengebäuden noch nicht aufgenommen, als ihn Piratenüberfälle zwangen,

Drei große Bögen über dem Hauptinnenhof des Johannes-Theologos-Klosters dienen als Stützen für die Nebengebäude, darunter auch der Exonarthex gegenüber dem Katholikon und die Christodulos-Kapelle.

Der zweistöckige Säulengang (tsaphara) *an der Südseite des Hauptinnenhofs.*

Der im 17. Jahrhundert errichtete äußere Narthex oder Exonarthex enthält Säulen und Marmorfragmente einer Basilika aus dem 4. Jahrhundert. Die Mauern sind mit Fresken geschmückt, die das Leben des hl. Johannes darstellen.

nach Euböa zu fliehen, wo er 1093 starb. (Nach anderen Versionen geriet er mit seinen Mönchen in Streit, oder er suchte ein zurückgezogeneres Leben und starb erst 1111.) Später kehrten die Schüler Christodulos' auf die Insel zurück und brachten seine Reliquien mit, die heute in einer kleinen Kapelle im Kloster aufbewahrt werden.

Das Grab wurde schnell bekannt, weil es Wunder wirkte, und das Kloster zog zunehmend Gläubige vom Festland und den übrigen Inseln an. Kaiser und Patriarchen machten Schenkungen in Form von Ackerland in Kleinasien und auf Kreta; kretische Arbeiter kamen, um die Klostergebäude zu vollenden und zu unterhalten.

Die Freigebigkeit von Kaiser Alexios Komnenos war nicht allein von religiösen Erwägungen diktiert: Er benötigte für die byzantinische Flotte einen Stützpunkt in der Ägäis. Die Bootswerften der Insel füllten sich mit Leben und erhielten die erforderliche Ausrüstung, um neue Schiffe zu bauen und größere Reparaturen auszuführen. Auch militärische Mittel flossen nach Patmos, und die Insel sonnte sich in ihrem neuen Wohlstand. Doch dieser hatte auch seine Schattenseiten und provozierte neue Piratenüberfälle. Die Mönche wollten ihre Ruhe haben, und als die Osmanen ihre Herrschaft im Vorderen Orient ausdehnten, schlossen die Mönche mit ihnen ein Abkommen: Die Türken erkannten die Autorität des Abts an, während die Insel sich kampflos ergab.

Der nördliche Eingang und das Portal der kleinen Kapelle der Gottesmutter. In der Kapelle befinden sich bedeutende Fresken aus dem 12. Jahrhundert, die erst Ende der fünfziger Jahre unter weniger wertvollen Malereien aus dem 18. Jahrhundert entdeckt wurden.

Als die Türken sich in Kleinasien ausbreiteten, flüchteten weitere Geistliche und Mönche nach Patmos. Nur wenige Türken zog es auf die Insel, und unter der Leitung des Klosters erwarb sie sich den Ruf eines geistigen Zentrums. Unter der Türkenherrschaft lag das Bildungswesen in den meisten Teilen Griechenlands darnieder und verfiel, doch auf Patmos gründeten die Mönche 1713 die berühmte Schule, in der Latein, Rhetorik und Philologie gelehrt und religiöse Studien betrieben wurden.

Gleich anderen Mönchszentren entwickelte sich das Kloster des hl. Johannes in ziemlich unsystematischer Weise. Von den heute noch erhaltenen Gebäuden wurden viele Mauern, das Katholikon, die Trapeza und mehrere Zellen im Südflügel zwischen 1088 und 1093, noch vor dem Tod Christodulos', errichtet. Im folgenden Jahrhundert wurden die Kirche um einen Narthex erweitert, die Trapeza umgebaut und die Kapelle der Muttergottes im Norden des Katholikon errichtet. Ihre Anlage verstößt gegen eine Grundregel bei der Anlage von Klöstern: Das Katholikon steht nicht frei. Von außen ist die Kirche nicht als Ganzes zu sehen; sie wird fast vollständig von Anbauten und Nebengebäuden verdeckt. Auch die Kuppel ist von außen unsichtbar. Das Dach besteht aus einer flachen Terrasse, die einen herrlichen Ausblick auf den Hafen unterhalb des Klosters bietet, und verstärkt auf diese Weise nur noch den Eindruck, daß das Gebäude nach außen hin die religiöse Natur des Lebens in seinem Innern verhüllt.

Es fällt schwer, sich der Meinung eines Mönchs aus dem 12. Jahrhundert anzuschließen, das Katholikon sei »eine Kirche von erstaunlicher Schönheit«; leichter ist dies allerdings, wenn das Innere im Schein der Kerzen »im goldenen Glanz seiner heiligen Ikonen« leuchtet. Für die byzantinischen Mönche war die Architektur einer Kirche weniger wichtig als die Symbolik ihrer Ausschmückung, weniger wichtig als die an der Ikonostase aufgehängten Ikonen, die feinen Seidenstickereien und natürlich die Wandmalereien. Im Kloster des hl. Johannes sind zwei Zyklen byzantinischer Gemälde erhalten. Der vollständigere der beiden datiert aus dem späten 12. Jahrhundert und wurde erst 1958 in der kleinen Muttergottes-Kapelle unter späteren Übermalungen entdeckt.

Diese Wandmalereien entsprechen dem »akademischen« oder »monumentalen« Stil der Zeit. Die Figuren sind statisch, symmetrisch und in der Regel in Frontalansicht dargestellt. Einzelne Elemente wie die Haartracht, die Bärte oder Ohren der Heiligen sind auf abgegrenzte Farbflächen reduziert, während der Hintergrund wenig oder gar nicht ausgeführt ist. Neben der Darstellung Mariens und des Besuchs der drei Engel bei Abraham ist das Gewölbe des Heiligtums mit Szenen der Wundertätigkeit Christi ge-

LINKS:
Der hl. Makarios von Jerusalem, der 336 n. Chr. das Heilige Grab und die Lage des Golgatha-Hügels »entdeckte«. Sein Porträt gehört zu einem Zyklus von Heiligenbildern, die zwischen 1176 und 1180 in der Muttergottes-Kapelle entstanden sind. Alle Figuren nehmen eine ähnliche Pose ein, unterscheiden sich jedoch in der Haltung der Hände.

GANZ LINKS:
Der hl. Kyprianos, einer von mehreren Eremitenheiligen, die auf die Westwand der alten Trapeza gemalt sind. Die Fresken gehören zum frühesten noch erhaltenen Zyklus von Bildern in dem Kloster und datieren aus der Zeit 1176–1180.

UNTEN:
Ausschnitt aus der »Heilung des Blinden« (1176–1180) in der Zentralkuppel der Muttergottes-Kapelle. Andere Szenen in der Kuppel stehen ebenfalls mit Wasser in Zusammenhang und sind symbolisch auf diesen Teil der Kirche bezogen.

schmückt: die Heilung des Lahmen, die Samariterin und die Heilung des Blinden. Alle behandeln das Thema des Wassers, das Heilung bringt und den Durstigen erquickt.

An anderen Stellen in der Kapelle, an der Nord- und Südmauer, sind Heiligenfiguren, darunter sieben Kirchenväter und eine Reihe von Patriarchen von Jerusalem, als Brustbild oder Ganzfigur dargestellt. Die Porträts der Patriarchen liefern nicht nur wertvolle historische Aufschlüsse, sondern ermöglichen auch eine Datierung der Bilder selbst. Die jüngste abgebildete Person ist Leontios II., Patriarch in Jerusalem von 1176 bis zu seinem Tod um 1190. Vor seiner Zeit als Patriarch war Leontios Abt des Johannesklosters, und wahrscheinlich bekleidete er bis 1180 beide Ämter gleichzeitig. Man nimmt deshalb an, daß Leontios in seinen letzten vier Jahren als Abt des Klosters das Geld gestiftet und die Bemalung der Wände beaufsichtigt hat.

Leontios war ebenso wie andere Äbte des ausgehenden 12. und des 13. Jahrhunderts ein gebildeter Mann, wie sich den Bildern in der Kapelle und eines zweiten Zyklus von allerdings beschädigten Bildern in der Trapeza entnehmen läßt. Diese Männer unterhielten enge Verbindungen zu Konstantinopel, und die von ihnen beauftragten fähigen Künstler hatten vermutlich ihre Ausbildung in denselben Werkstätten der Hauptstadt empfangen. Im Gegensatz dazu bringen die späteren bildlichen Darstellungen aus der Zeit um 1600 im Katholikon, dem Exonarthex und der Kapelle des hl. Christodulos die sich verändernden politischen Grenzen in der Region zum Ausdruck. Konstantinopel befand sich längst in der Hand der Türken, und Patmos war kulturell und künstlerisch mit Kreta verbunden, wobei die wirtschaftlichen Verbindungen zwischen den beiden Inseln noch weiter in die mittlere byzantinische Periode zurückreichten.

Zu dieser Zeit war der Abt im Kloster des hl. Johannes ein kretischer Humanist, Nikephoros Chartophylax, der Griechisch und Philosophie lehrte und auf der Insel mehrere Kirchen errichtete. Dieser war es vermutlich, der einen kretischen Künstler aus dem Kreis eines berühmten Malers namens Angelos beauftragte, einen neuen Freskenzyklus zu malen. In Stil und Empfindung unterscheiden sich diese Bilder deutlich von den Darstellungen in der Muttergottes-Kapelle. Sie sind im Dämmerlicht nur schwer sichtbar, doch mit Hilfe einer Kerze erkennt man Szenen der Geburt Christi in einer pittoresken Berglandschaft und eine beklemmende Darstellung der Ermordung der unschuldigen Kinder. Eine friedlichere Szene im Narthex schildert das Gleichnis von den zehn Jungfrauen.

In der nachbyzantinischen Ära, zumindest bis zur Plünderung Candias (Iraklion) durch die Türken 1669, waren kretische Künstler in Patmos auch damit beschäftigt, tragbare Ikonen zu malen und eine kunstvolle Ikonostase zu gestalten, die von einem berühmten Kreter, Andreas Ritsos, bemalt wurde und von der nur noch eine Tür zum Allerheiligsten erhalten ist. Die neuen Gemälde vermehrten noch die ohnedies reiche Sammlung von Ikonen, Goldstickereien, Kirchensilber und illuminierten Manuskripten des Klosters. Viele der bedeutendsten dieser Gegenstände werden heute im Museum des Klosters gezeigt. Zu ihnen gehören die am meisten verehrte Ikone des Klosters, ein Bildnis von Johannes dem Evangelisten aus dem 12. Jahrhundert, das im 15. Jahrhundert übermalt wurde; eine Ikone des hl. Jakobus, des Bruders Jesu, die zwischen 1260 und 1270 gemalt wurde, und eine ungewöhnliche Mosaikikone des hl. Nikolaus aus dem 11. Jahrhundert, die Christodulos wohl selbst aus Kleinasien hierhergebracht hat.

Einige der ältesten Bücher und Manuskripte in der Bibliothek datieren vermutlich ebenfalls aus dem 11. Jahrhundert. Ob einige davon aus dem Besitz Christodulos' stammen, läßt sich unmöglich feststellen, doch brachte er einige Bücher mit, als er das Kloster gründete. Der Patriarch von Konstantinopel schenkte ihm außerdem ein Viertel jener Bücher – allerdings nur solche »ohne Schmuck« –, die er vor seldschukischen Überfällen in Kleinasien gerettet und später in die Hauptstadt gebracht hatte. Eine überlieferte Urkunde, die zweifellos aus jener Zeit stammt, die wertvollste des Klosters, ist ein Chrysobullon des Kaisers Alexios I. Komnenos, in dem dieser die Insel Patmos Christodulos übereignet. Von den übrigen Manuskripten sind lediglich etwa 50 mit Illuminationen ausgeschmückt, und von diesen enthalten gut die Hälfte mehr als nur verzierte Initialen; darunter finden sich jedoch einige äußerst wertvolle Stücke. Eine der frühesten illuminierten Handschriften in der Bibliothek ist das Buch Hiob, das der Klostergründung vorausgeht und ausschließlich in einer Unzialschrift geschrieben ist, wie sie bei Manuskripten des 4. bis 8. Jahrhunderts üblich war. Daneben gibt es 33 Blätter aus dem Markusevangelium, den Codex Purpureus aus dem 6. Jahrhundert, in silbernen Buchstaben auf rotem Pergament geschrieben, und mehrere Handschriften aus dem 12. bis 14. Jahrhundert mit Miniaturen der Evangelisten.

Ebenso wie die Bibliothek wurde der Klosterschatz weitgehend durch Schenkungen und Stiftungen ermöglicht. Die meisten der ausgestellten Gegenstände waren Geschenke von Priestern und Patriarchen, die auf Patmos geboren wurden oder hier studierten, während die übrigen aus ferneren Regionen kamen. Katharina II. von Rußland ließ ein silbernes Kreuz und Medaillons überbringen. Ein Patriarch des 17. Jahrhunderts vermachte dem Kloster einen mit Email und Edelsteinen eingelegten goldenen Krummstab, während anonyme Gläubige Votivgaben in Form von mit Gold- und Silberfäden bestickten silbernen Miniaturbooten und liturgischen Gewändern spendeten.

Christodulos war zwar der Gründer des Klosters des hl. Johannes, doch dessen Wohlstand und Einfluß verdankte sich ebenso den Generationen frommer Stifter, die mit

GEGENÜBER:
Ausschnitt aus dem »Gleichnis von den fünf törichten und fünf klugen Jungfrauen« an der schmalen Nordwand des Narthex, ein Bild aus der Zeit um 1600. Das Fresko zeigt Christus in der Mitte und die törichten und die klugen Jungfrauen zu beiden Seiten.

ihren Spenden Erlösung suchten. In den Worten eines Patriarchen: »... in das Kloster setzen wir unser Vertrauen und unseren Stolz ... und jeder von uns gibt und schenkt aus freien Stücken, was er möchte, im festen Glauben, daß es für immer und ewig, unveräußerlich und unverrückbar sein wird.«

Das Kloster Hosios Lukas und die Mosaiken des Daphni-Klosters

Das Kloster des hl. Johannes beeindruckt durch die Wucht seiner hochaufragenden Masse, seine lauschigen Innenhöfe und die engen, labyrinthischen Gänge, kurz durch seine Einzigartigkeit. Zwei weitere Klöster, Hosios Lukas und Daphni, beide auf dem Festland gelegen, sind konventioneller in der Anlage. Von außen machen die Kirchen, immerhin wichtige Beispiele für die byzantinische Architektur in der Provinz, nicht den ehrfurchtgebietenden Eindruck der Hagia Sophia Justinians in Konstantinopel oder der großen Kathedralen des Westens. Doch sie können diesen Mangel mit ihren reichgeschmückten Wänden im Innern doch mehr als wettmachen.

Das Kloster Hosios Lukas (Seliger Lukas) wurde von einem Wandermönch gegründet, von Lukas dem Styliten, der 953 starb und dessen Grab sehr bald Pilger aus nah und fern anzog. Es ist vielleicht ein gewisser Anhaltspunkt für Lukas' Bedeutung, daß die Gemeinschaft auch heute noch eine stattliche Anzahl Mönche zählt. Das Daphni-Kloster hat dagegen zwar eine wesentlich längere Geschichte, die bis ins 5. Jahrhundert zurückreicht, doch heute steht es leer und ist nicht mehr geweiht, und in seinem Innern fehlen all die liturgischen Gegenstände, die eine lebendige Kirche ausmachen.

Das erste Klostergebäude in Daphni wurde zerstört, jedoch später, gegen Ende des 11. Jahrhunderts, etwa 50 Jahre nach Hosios Lukas, als griechische Kreuzkuppelkirche wiederaufgebaut. Beide Klöster erhielten anschließend liturgische Schätze, verehrte Ikonen und glänzende Mosaiken als Ausstattung. Sie wurden, um die Worte Richard Chandlers aufzugreifen, zu einer Zierde von Hellas, doch während des 13. und 14. Jahrhunderts, nachdem die Region an die burgundischen Herzöge von Athen und Theben gefallen war, verdrängten Zisterzienserpatres die griechischen Mönche.

Die Klöster verdanken ihre Berühmtheit allerdings nicht ihrer Geschichte, sondern ihren prachtvollen Mosaiken aus dem 11. Jahrhundert. Jenseits der Schwelle treten ehrwürdige, den Blick bannende Gestalten aus einem leuchtenden Goldhintergrund hervor. Die Wände und Decken, Giebel und Pilaster illustrieren die biblische Geschichte mit einer Brillanz, die bei Wandgemälden nicht möglich ist. Die dargestellten Szenen und Heiligen tragen allesamt Namen, und die griechische Schrift bildet wie bei byzantinischen Gemälden einen festen Bestandteil des Ganzen. Es ist eine Kunst, die bestrebt war, Denken und Fühlen über die Eintönigkeit der irdischen Dinge zu erheben.

Obwohl beide Kirchen im 11. Jahrhundert ausgeschmückt wurden, weist der Wandschmuck ausgeprägte Unterschiede in Stil und Herkunft auf. Die Mosaiken von Hosios Lukas datieren aus dem frühen 11. Jahrhundert, sie sind besonders klösterlich im Charakter und mit Mosaiken im Kloster Nea Moni auf Chios verwandt. Die Bilder sind provinzielle Arbeiten, von den Mönchen selbst angeregt und vermutlich auch ausgeführt. Im Gegensatz dazu sind die anspruchsvolleren Mosaiken des Daphni-Klosters aus dem späten 11. Jahrhundert zweifellos die Arbeit hauptstädtischer Künstler aus Konstantinopel. Der Zyklus ist nicht so vollständig erhalten wie in Hosios Lukas, und einige Sze-

GEGENÜBER:
Im 5. Jahrhundert gegründet, wurde das Daphni-Kloster in späterer Zeit aufgegeben und zerfiel. Im späten 11. Jahrhundert wurde es wieder aufgebaut und das Innere mit herrlichen Fresken bemalt. Die in zarten Farben gehaltenen Szenen vor einem leuchtend goldenen Hintergrund sind Meisterwerke aus dem zweiten Goldenen Zeitalter byzantinischer Kunst.

GEGENÜBER:
Christus Pantokrator, der »Allmächtige«, ein Meisterwerk der Mosaikkunst aus dem 11. Jahrhundert, beherrscht inmitten der sechzehn Propheten die Kuppel .

UNTEN LINKS:
Die »Verklärung Christi«, eine von vier Hauptszenen in den Eckzwickeln unter der Kuppel. Christus steht zwischen Moses und dem Propheten Elias auf dem Berg Tabor im göttlichen Licht, von dem Petrus, Jakobus und Johannes, die auf dem Boden kauern, geblendet werden.0

UNTEN RECHTS:
Der »Verrat des Judas« im Narthex Judas erhebt die Arme, um Christus zu küssen, während rechts Petrus dem Malchus ein Ohr abschlägt. Wegen seines Verrats wird Judas im Profil dargestellt, so daß nur ein Auge zu sehen ist. Die künstlerische Konvention forderte sonst, Personen von vorn zu zeigen, so daß beide Augen sichtbar waren.

nen sind »über-restauriert« worden, doch sie bilden noch immer das vollkommenste Ensemble jener Zeit. Tatsächlich weisen die beiden Klosterkirchen die einzigen Mosaikzyklen außerhalb Italiens auf, die es ermöglichen, die ursprünglichen Ideen der Künstler hinsichtlich Raum und Farbe vollständig zu rekonstruieren.

Die Ausschmückung der beiden Kirchen illustriert besonders deutlich die ikonographische Bedeutung der byzantinischen Kunst. Jedes Bildfeld ist praktisch eine Ikone, und der gesamte Innenraum wird zu einer Art erweiterter Ikonostase. Jedes hat seinen Ort im ganzen, und das Ganze repräsentiert die östliche Orthodoxie selbst. Jede Szene ist dem Bild des Christus Pantokrator inmitten seines himmlischen Hofs in der Kuppel untergeordnet. Das ursprüngliche Kuppelmosaik im Kloster Hosios Lukas ist verlorengegangen und wurde durch Malereien ersetzt, doch der fast vollständige Pantokrator in Daphni ist eine der schönsten Darstellungen Christi überhaupt.

Über den Pantokrator im Daphni-Kloster ist viel geschrieben worden. Im Jahr 1931 urteilten Ernst Diez und Otto Demus: »Es gibt nur eine einzige Gestalt in der Kunst, den Moses des Michelangelo, die sich an spiritueller Kraft mit diesem Bildnis messen kann, und es ist bemerkenswert, wie ähnlich die Spannung der Hände bei beiden erscheint und wie die Hände von beiden Künstlern als das am besten geeignete Mittel des Ausdrucks dieser Eigenschaft benutzt wurden.« Die Hände mit ihrer etwas ungeschickten Haltung und den überlangen, möglicherweise arthritischen Fingern beherrschen die untere Hälfte der Komposition. Der Daumen der rechten Hand berührt bewußt den Mittelfinger, eine segnende Gebärde, während die Linke eine kostbare Bibel hält, deren Deckel mit Halbedelsteinen besetzt ist.

Doch am stärksten kommt die spannungsvolle Strenge des Mosaiks im Gesicht zum Ausdruck. Ein Christus mit tiefgefurchter Stirn nimmt unsere Aufmerksamkeit durch den traurigen Ausdruck in den dunklen, zur Seite blickenden Augen gefangen. Die gerunzelte Stirn, die tiefen Tränensäcke unter den Augen, ein starker Schatten und die

IC
X

Der hl. Sergius war nach der Überlieferung ein römischer Soldat, der in Resapha in Syrien den Märtyrertod starb, weil er nicht zugegen war, als Kaiser Maximian Jupiter ein Opfer darbrachte. Sein Kult verbreitete sich überall. Sergiopolis, wo er begraben liegt, wurde ein vielbesuchtes Pilgerziel, und die Wüstennomaden wählten ihn zu ihrem Schutzheiligen.

Die Taufe Christi im südwestlichen Eckzwickel. Die Hand Gottvaters weist aus dem Himmel nach unten, eine Taube symbolisiert den Heiligen Geist. Zur Linken steht Johannes der Täufer, während zwei Engel mit blauen und braunen Tüchern darauf warten, Christus abzutrocknen, nachdem er in die Fluten des Jordan eingetaucht ist.

Der Einzug in Jerusalem. An einem Tag, den man in der christlichen Liturgie heute als Palmsonntag feiert, wird Christus am Stadttor von Menschen begrüßt, die ihm Palmzweige darbieten. Knaben werfen in Verehrung ihre Kleidungsstücke auf den Boden. Einer von ihnen hat eine Palme erklettert, um die Prozession besser verfolgen zu können.

Die Geburt Christi im südöstlichen Eckzwickel. Der kleine Jesusknabe in einer Krippe, davor Josef und Maria; zwei Hirten und vier Engel betrachten die Szene.

Der hl. Pegasios im Narthex des Katholikon. Der größte Teil des Mosaikschmucks ist Porträts von Heiligen gewidmet.

Der sel. Lukas Styriotis (896–853), der Gründer des Klosters, das seinen Namen trägt, blickt von der Westwand des nördlichen Querschiffs herab.

GEGENÜBER:
Ein Ausschnitt aus der Auferstehung zeigt Christus mit einem Kreuz in der Hand, während er die Pforten der Hölle aufstößt.

MP ΘV
IC
XC

heruntergezogenen Mundwinkel, durch die Form des Barts noch hervorgehoben, verstärken die Empathie für das Leiden Christi zur Erlösung der Welt.

Alle anderen Figuren sind dem großen Pantokrator zugeordnet. Jede Gestalt nimmt an der göttlichen Liturgie teil, ja ist ihr integraler Bestandteil. Sie verfolgen nicht den Zweck, die Andächtigen zu unterweisen, sondern in ihnen ein Gefühl der Verehrung zu fördern. Realismus wird zugunsten symbolischer Darstellung verworfen, ein Prinzip, das unmittelbare Auswirkungen auf die religiösen Baulichkeiten und ihre Ausschmückung hatte. Bei der Abbildung von Menschen beispielsweise war eine Frontalansicht vorzuziehen, da eine Person nur dann als anwesend angesehen wurde, wenn ihre beiden Augen sichtbar waren. Sollten zwei Figuren einander gegenübergestellt werden, so wurde diese Regel modifiziert; ein Halbprofil war erlaubt, doch es mußten noch immer beide Augen zu sehen sein. Die einzige biblische Gestalt, die regelmäßig im Profil mit nur einem sichtbaren Auge dargestellt wird, ist Judas Ischariot. Eine guterhaltene Szene, die den Judaskuß darstellt, mit Christus in einem blauen Gewand, von Soldaten und Pharisäern umringt, begegnet uns im Narthex des Daphni-Klosters.

Der Heilige Geist bereitet den Thron für die Wiederkehr Christi vor. Katholikon des Klosters Hosios Lukas.

Gebete in Ruinen

Das Lukas- und das Daphni-Kloster waren altehrwürdige Gemeinschaften, lange bevor eine Reihe neuer Klöster – prächtige Erinnerungen an die letzte Blütezeit byzantinischer Macht zwischen 1295 und 1428 – in Mistra in der Mitte der Peloponnes gegründet wurden. Die Klosterkirchen stehen heute noch, und eines der Häuser wird von einer kleinen Schar Nonnen bewohnt; die Stadt selbst, einst als das »Florenz des Ostens« bekannt, liegt inzwischen jedoch fast vollständig in Trümmern.

Das erste bedeutende Gebäude in Mistra, die berühmte Burg, die über der Ebene von Sparta thront, wurde 1249 von Guillaume II. Villehardouin, Fürst von Morea, erbaut, einem in Griechenland lebenden Franzosen. Zunächst war Mistra eine fränkische Stadt, doch zehn Jahre später, nach der Gefangennahme Guillaumes durch Soldaten des byzantinischen Kaisers Michael VIII. Palaiologos, ging es in griechische Hände über. Nachdem die Byzantiner Konstantinopel 1261 zurückerobert hatten, spielte Mistra eine zentrale Rolle für die Wiederbelebung der byzantinischen Kunst.

Im Frühjahr 1262 trafen byzantinische Beamte in Mistra ein, um die Gipfelburg in ihren Besitz zu nehmen und den Beginn eines ausgedehnten Bauvorhabens zu beaufsichtigen. Bald bedeckten neue Häuser und Kirchen das steile, felsige Gelände. Eine Metropolis oder Bischofskirche wurde in der tiefer gelegenen Stadt errichtet, und innerhalb kurzer Zeit erlangte die wachsende Stadt Bekanntheit aufgrund des Wohlstands ihrer Klöster und als ein Zentrum hellenischer Politik und Kultur.

Gegen Ende des 13. Jahrhunderts erwarb sich ein tatkräftiger Geistlicher, Pachomios, besonderen Ruhm, als er seine ganze Kraft daransetzte, das religiöse Leben in Mistra zu fördern. Unter seiner Leitung wurde 1295 der Bau der ersten bedeutenden, dem hl. Theodoros geweihten Kirche der Stadt vollendet. Einige Jahre später, nachdem er sich aus dem öffentlichen Leben zurückgezogen hatte, gliederte Pachomios die Kirche dem Brontocheion-Kloster ein, dessen Abt er wurde. Die Hauptkirche des Klosters wurde allerdings erst 1310 fertiggestellt, als ein prächtigeres Gebäude, von Künstlern aus Konstantinopel ausgeschmückt, Unserer Lieben Frau Hodegetria (»Wegweiserin«) geweiht wurde.

Die neue Kirche symbolisierte den wachsenden Einfluß der Stadt. Zwischen 1312

GEGENÜBER:
Die Katholika der Klöster Hosios Lukas und Daphni sind die beiden am besten erhaltenen Monumente griechischer Mosaikkunst. Hier, im Narthex der Kirche von Hosios Lukas, ist Christus über dem Königstor dargestellt, das vom Narthex in das Hauptschiff führt, während die Muttergottes, Johannes der Täufer und die Erzengel Gabriel und Michael von der Hauptkuppel herunterblicken.

FOLGENDE SEITEN:
Die heute in Ruinen liegende Stadt Mistra, früher als das »Florenz des Orients« bekannt, war ein bedeutendes Zentrum der spätbyzantinischen Klosterbewegung sowie hellenischer Politik und Kultur. Die Klosterkirchen von Mistra, die zum Teil bemerkenswerte Fresken aufweisen, zählen zu den am besten erhaltenen Bauwerken in der ehemaligen Hauptstadt des Despotats Morea (heute Peloponnes).

OBEN:
Die Kirche des hl. Theodoros aus dem 13. Jahrhundert, eine von zweien innerhalb der Mauern des Brontocheion-Klosters.

OBEN RECHTS:
Der wiederaufgebaute Glockenturm der Kirche Panagia Hodegetria, der ursprünglich 1310 errichtet wurde. Die Kirche hieß später im Volksmund auch Afendiko – »dem Herrn gehörend« –, da sie von Pachomios gegründet wurde, einem bedeutenden Geistlichen in der orthodoxen Kirche.

GEGENÜBER:
Das winzige Perivleptos-Kloster – sein Name bedeutet »hochangesehen« und bezieht sich auf die Gottesmutter – datiert aus dem 13. Jahrhundert, als Mistra von den Franken beherrscht wurde. Ihre Fresken aus dem 14. Jahrhundert sind in ihrer üppigen Schönheit und ihrem Erhaltungszustand in Mistra unübertroffen.

und 1322 erließ Kaiser Andronikos II. eine Reihe von Chrysobullen, in denen er dem Kloster Ländereien aus der ganzen Provinz vermachte und dem Abt die Aufsicht über mehrere kleinere Mönchsgemeinschaften übertrug. Abschriften dieser Urkunden, die das kaiserliche Goldsiegel tragen, schmücken die Wände einer Kapelle der Hodegetria. Sie besagen Näheres über die Ländereien der Provinz und führen die Namen der zugehörigen Dörfer und die Zahl ihrer Einwohner auf. Noch wichtiger – zumindest im Hinblick auf den Status des Klosters – war der Umstand, daß Pachomios den Kaiser außerdem bewegen konnte, das Brontocheion-Kloster von der Jurisdiktion der lokalen Kirchenverwaltung zu eximieren, womit es praktisch unabhängig wurde, wenn es auch letztlich dem Patriarchat in Konstantinopel unterstand.

Das wachsende Ansehen des Klosters ermutigte einen lokalen Herrscher, Andronikos Palaiologos Asen (1316 – 1321), dem Kloster weitere Ländereien zu schenken, und 1375 taten sich führende Bürger zusammen, um ein weiteres großes Landgut zu stiften. Das Brontocheion mit seinen beiden Kirchen und ausgedehnten Ländereien war das reichste Kloster in Mistra, und es lag nahe, Pachomios hier zu begraben. Das Grab des Abts befindet sich in der nördlichen Kapelle der Hodegetria-Kirche, während darüber, auf der Wand, ein beschädigtes Fresko Pachomios vor der Muttergottes kniend zeigt, wie er ihr ein Modell der Kirche darbietet. Die Kapelle enthält außerdem das Grab des Despoten Theodoros II. Palaiologos (1407–1443), der dem weltlichen Leben entsagte und Mönch wurde. Über seinem Grab befinden sich zwei Porträts; das eine zeigt einen prächtigen Theodoros in den reichen, bestickten Gewändern eines Herrschers, das andere einen älteren Theodoros im schlichten Habit eines Mönchs.

Nach der Gründung des Brontocheion machte Pachomios mit Unterstützung eines hohen Prälaten, Nikephoros Moschopulos, das Kloster zu einer Stätte der Bildung.

Engel bereiten den Thron Christi für die »Wiederkunft des Herrn« vor; ein Fresko in der Metropolis von Mistra. Ein leerer Thron, überragt von einem byzantinischen Kreuz, symbolisiert die Erwartung der Wiederkunft Christi.

GEGENÜBER:
Eine ungewöhnliche Szene aus dem frühen 14. Jahrhundert im Narthex der Demetrios-Kirche (»Metropolis«) in Mistra. Das vom Jüngsten Gericht im Buch der Offenbarung inspirierte Bild zeigt ein eigenartiges Chorpult mit einem Fuß in Form eines Fisches, ein Symbol für Christus den Erlöser.

Nikephoros war vom Patriarchen selbst ernannt worden, das örtliche Bistum Lakonia zu verwalten, und mit Hilfe seines wohlhabenden Bruders Aaron vollendete er die Bischofskirche 1309 oder 1310. Darüber hinaus schenkte er dem Brontocheion-Kloster eine illuminierte Abschrift des Evangeliums, die sich heute in der Bibliothek des Heiligen Synods in Moskau befindet.

Spätere Gouverneure und Despoten erwiesen sich ebenfalls als bedeutende Kunstmäzene. Der Despot Manuel Kantakuzenos baute eine der hl. Sofia gewidmete Hofkirche in der Oberstadt. Ein weiteres kleines Kloster, das Perivleptos, wurde um die Mitte des 14. Jahrhunderts umgebaut und mit herrlichen Fresken ausgeschmückt. Das größere Pantanassa-Kloster, das als einziges noch bewohnt ist, wurde im September 1428 von einem Kanzler des Despotats, Johannes Phrangopulos, gegründet und der »Allherrscherin« geweiht, gerade 25 Jahre vor dem Fall von Konstantinopel und dem Ende der byzantinischen Welt. Die Kirche enthält den letzten bedeutenden Zyklus byzantinischer Fresken, die überhaupt noch gemalt werden sollten.

Obwohl ein Großteil der weltlichen Architektur Mistras stark vom Westen beeinflußt war, ein Ergebnis der fränkischen Besatzung, kam in den Klöstern und Kirchen der Stadt

Südfassade der Hauptkirche des Klosters Hosios Lukas. Nach der Überlieferung wurde das Katholikon von dem byzantinischen Kaiser Romanus II. (reg. 959–963) gebaut, der nach eigenem Wunsch zusammen mit seiner Frau in der Nähe des Grabs des hl. Lukas begraben wurde.

GEGENÜBER:
Die Kirche der Gottesmutter im Kloster Hosios Lukas unterscheidet sich in ihrem Baustil deutlich vom Katholikon. Vermutlich wurde sie im 13. Jahrhundert für die Zisterzienser errichtet, als die Region unter burgundischer Herrschaft stand. Anstelle des herkömmlichen byzantinischen Kuppelgewölbes wird die Kirche von einer achteckigen Laterne gekrönt.

Ausschnitt aus der biblischen Szene vom ungläubigen Thomas in der Perivleptos-Kirche. »Danach spricht er zu Thomas: Reiche deinen Finger her und siehe meine Hände, und reiche deine Hand her und lege sie in meine Seite, und sei nicht ungläubig, sondern gläubig. Thomas antwortete und sprach zu ihm: Mein Herr und mein Gott!« (Joh. 20: 27–28)

auch weiterhin die byzantinische Tradition zum Ausdruck. Der westliche Einfluß zeigt sich in den Glockentürmen der Pantanassa-, der Hodegetria- und der Sofienkirche, im Turm der Trapeza im Perivleptos-Kloster und in verzierenden Dreipässen und gelegentlichen Spitzbögen. Doch insgesamt sind es die byzantinischen Elemente, einschließlich des Ziermauerwerks, der Hundszahnornamente, der Blindbögen und der Inkrustation mit Fayenceplatten, die das Bild dominieren. Und im Entwurf der Kirchen von Mistra sind verschiedene Traditionen, um nicht zu sagen Stile, miteinander verschmolzen und verarbeitet worden.

Die Hodegetria-Kirche des Abts Pachomios – das Katholikon des Brontocheion-Klosters – und die Metropolitenkirche sind im wesentlichen dreischiffige Basiliken, kleinere Versionen der Kirche der hl. Irene, einer der frühesten christlichen Kirchen in Byzanz. Jede Basilika ist mit fünf Kuppeln verziert, im Fall der Hodegetria noch mit einer sechsten über dem Narthex. Die frühere Kirche des hl. Theodoros ist ebenso wie die Kirchen des Lukas- und des Daphni-Klosters eine griechische Kreuzkuppelkirche, genauer gesagt ein kreuzförmiger achteckiger Naos, dessen Kuppel statt auf den herkömmlichen vier auf acht Stützen ruht. Die Kirche des hl. Theodoros ist das letzte Beispiel dieses Typs, ein Modell, das vom 11. bis zum 13. Jahrhundert vorherrschte. Die wichtige Perivleptos-Kirche liegt in der Mitte zwischen einer Gewölbebasilika und einer griechischen Kreuzkuppelkirche, eine Bauweise, wie sie unter den Palaiologen üblich war, hier jedoch verändert wurde, um dem felsigen Gelände besser zu entsprechen. Die letzte Kirche, die während des Despotats gebaut wurde, die Pantanassa, ist wiederum eine Basilika mit fünf Kuppeln.

Einer aus einer ganzen Reihe von Bischöfen im Altarraum der Hodegetria-Kirche im Brontocheion-Kloster.

Ein herrliches, zart koloriertes Wandbild von der Hochzeit zu Kana, als Christus Wasser in Wein verwandelte, im Narthex der Hodegetria-Kirche.

Die Kirchen Mistras sind mit den herrlichsten erhaltenen Fresken jener Zeit außerhalb Konstantinopels geschmückt. Die ausgezeichnete Ausführung in der Metropoliten- und der Hodegetria-Kirche läßt erkennen, daß die Künstler derselben konstantinopolitanischen Schule angehörten, die ein großartiges zeitgenössisches Meisterwerk der byzantinischen Malerei hervorgebracht hat, die Anastasis (Auferstehung Christi) in der Begräbniskapelle der Erlöserkirche im Chora-Kloster. Die Bilder sind vergleichsweise kleinformatig, doch sorgfältig ausgeführt. Die Figuren sind gut gezeichnet, die Farben kräftig, aber nicht übertrieben. Einige der besten Gemälde schmücken den Narthex der Hodegetria-Kirche. Hier sind die Wunder Jesu einschließlich einer bemerkenswerten Hochzeit zu Kana mit der Harmonie der Farben und den fließenden Linien eines wahren Meisters gemalt, dem Florentiner Maler Giotto oder seinem Zeitgenossen Duccio durchaus ebenbürtig.

Die Fresken im Katholikon des Perivleptos-Klosters wurden 50 Jahre später, um 1350, gemalt und umfassen einige der besten erhaltenen Szenen in Mistra. Sie sind von einer auffallenden Individualität, doch ob sie eine einheimische Schule oder die Arbeit von Künstlern aus der Hauptstadt repräsentieren, läßt sich heute nicht mehr feststellen, da in Konstantinopel keine Fresken aus jener Zeit erhalten sind. Die Maler im Perivleptos benutzten eine umfangreichere, im allgemeinen lebhaftere Palette als ihre Vorgänger in der Hodegetria und machten ausgiebigen Gebrauch von rotem Ocker und einem heiteren Kastanienrot. Die Figuren sind um eine Nuance starrer als zuvor und die Konturen durch subtile Farbabstufungen abgeschwächt.

Die ungewöhnlichste Verwendung der Farbe begegnet uns jedoch an den Wänden der Pantanassa-Kirche, des letzten großen Monuments in Mistra. So auffällig sind einige der Szenen, so üppig die Farbzusammenstellungen, daß die Bilder unter den führenden Byzantinisten eine heftige Kontroverse ausgelöst haben. Steven Runciman ist der Meinung, die Kompositionen seien zwar durchaus reizvoll, aber durch eine Häufung der Figuren verkrampft: »Es ist fast, als blickten wir auf die Illustrationen zu einem Märchenbuch. Man hat den Eindruck, die Künstler hätten versucht, einen für Buchilluminationen angemessenen Stil auf größere Flächen zu übertragen, wofür er sich jedoch nicht eignet.«

Robert Byron und David Talbot Rice hätten von dieser Auffassung wohl nicht viel gehalten. In ihrem 1930 erschienenen Buch »The Birth of Western Painting« widmen sie einen längeren Abschnitt der bemerkenswerten Darstellung der Erweckung des Lazarus im Nordgewölbe. Für diese enthusiastischen Betrachter enthielt die Palette des Malers Farbtönungen wie Honig mit einem Hauch Olive, zerquetschte Erdbeere, rosagetöntes Braun, leuchtendes Bernstein, dunkles Safrangelb und ein opalisierendes Gelb. Über die zentrale Szene lesen wir bei den Autoren: »Eine zutiefst bewegende Menschlichkeit erfüllt diese sechs Personen ... Die Anatomie ist nicht mehr hieratisch, nicht mehr die Anatomie physisch abnormer Asketen. Die weinende Gestalt ist von vollkommenen Proportionen; der mumifizierte Leichnam drückt eine tragische Ergebung aus, während der Mann, der ihn aus den Binden wickelt, von einer verzweifelten Kraft beseelt ist.« Bewegende Menschlichkeit oder Märchenbuchillustration, das Gemälde, durch Deckenrisse schwer beschädigt, gehört zu den reizvollsten, die in den letzten Jahrzehnten byzantinischer Herrschaft hervorgebracht wurden. In den Bildern der Pantanassa-Kirche ist weit mehr Bewegung, mehr Gefühl als in den statischen, nach Vorlagen gemalten Figuren der früheren makedonischen Schule oder überhaupt in den übrigen Wandmalereien in Mistra. Zwangsläufig ist man auch hier den Konventionen gefolgt, doch wurden sie in einem solchen Maße modifiziert, daß ein einzigartiges Kunstwerk entstanden ist, die letzte künstlerische Blüte in der Abenddämmerung eines einst großen Reiches.

GEGENÜBER:
Die erst vor kurzem restaurierten Mönchszellen im Kloster Hosios Lukas bilden die Nord- und Westseite der Umfriedung des Klosters. Es beherbergt noch immer einige Mönche, und gegenwärtig versucht man, dem Klosterleben neue Impulse zu geben.

Athos:
Der Heilige Berg

Beglückter lebt der fromme Eremit,
Der hoch auf Athos' riesiger Felsenbrau
Am Abend wacht und nichts da droben sieht
Als klare Himmel und des Meeres Blau.

Lord Byron, *Childe Harolds Pilgerfahrt,*
II.27, 1812

In spät- und nachbyzantinischer Zeit repräsentierte der Berg Athos zunehmend die Essenz des orthodoxen Mönchtums. Unter historischer Perspektive war es vielleicht angemessen, daß diese schmale Halbinsel zu einem Bollwerk der Ostkirche wurde. Das im Nordwesten gelegte Thessalonike war vom Apostel Paulus zweimal besucht worden, und dort blühte auch eine der ersten christlichen Gemeinschaften auf dem europäischen Festland auf. Nach frommer Überlieferung verschlug es selbst die Muttergottes und Johannes den Evangelisten auf den Heiligen Berg.

Über die frühe Geschichte der Halbinsel ist, abgesehen von solch frommen Erzählungen, wenig bekannt. Die erste schriftliche Quelle stammt aus dem 9. Jahrhundert, als die Athosmönche dem 843 von Kaiserin Theodora einberufenen Konzil beiwohnten, das dem Bilderstreit praktisch ein Ende machte, indem die heiligen Ikonen als legitime Andachtsbilder in Kirchen und Privathäusern wieder zugelassen wurden. Während der Streit tobte, lebten die Mönche als Einsiedler oder in kleinen Gruppen und orientierten ihre Lebensweise an den Lehren von zwei einflußreichen Kirchenvätern, dem halblegendären Petros dem Athoniten und Euthymios dem Jüngeren, der 859 auf dem Athos eintraf. Beide hatten ein strenges Einsiedlerleben hinter sich. Petros verbrachte 50 Jahre in den Wäldern, wo er sich der verschiedensten – eingebildeten und realen – wilden Tiere erwehren mußte, bevor ein Jäger ihn entdeckte. Sein Nachfolger hatte mit 18 Jahren der Welt entsagt, sich auf allen vieren bewegt und nur von Kräutern ernährt. Danach zog er sich in eine von Ungeziefer starrende Zelle zurück, die er erst nach drei Jahren wieder verließ, um sich auf einer Säule niederzulassen. Trotz oder gerade wegen ihrer extremen Askese zogen beide Männer neue Mönche zum Heiligen Berg.

Der Athos wurde ein zunehmend wichtiges Mönchszentrum nach dem Vorbild der Klöster in Konstantinopel und anderswo im Vorderen Orient, und 883 erhielt er die offizielle Anerkennung als spirituelles Zentrum. Nach einem von Kaiser Basileios I. erlassenen Dekret durften Hirten, Frauen und weibliche Tiere den Berg nicht betreten, der von da an die ausschließliche Domäne von Mönchen und Eremiten bleiben sollte.

GEGENÜBER:
Die hochaufragenden Mauern des Iviron-Klosters mit dem sorgfältig gepflegten Gemüsegarten zu seinen Füßen.

FOLGENDE SEITEN:
Das Iviron-Kloster, das drittgrößte unter den zwanzig Großklöstern des Athos, von Südosten gesehen. Gegründet von georgischen Mönchen zu Ende des 10. Jahrhunderts, wurde es 1357 aufgrund eines Erlasses von Patriarch Kallistos in griechische Hände gegeben. Das Iviron-Kloster ist der Heimholung der Gottesmutter Maria geweiht und beherbergt zusammen mit seinen abhängigen Klöstern achtzig Mönche.

Dieses kleine Kirchlein, am Strand in der Nähe einer heiligen Quelle errichtet, gehört ebenfalls zum Iviron-Kloster. Das Kloster besitzt über dreißig Außenstellen auf dem Athos sowie Grundeigentum jenseits der Grenzen des Heiligen Bergs auf der Insel Samothrake.

Eine aus dem Stein gehauene Hand verziert einen Brunnen an einer der Außenmauern des Iviron-Klosters.

Im Innern des Haupteingangs zum Kloster befindet sich dieser doppelköpfige byzantinische Adler über einem kleinen Wandbrunnen.

GEGENÜBER:
Der Innenhof und die phiale *(Weihebrunnen), die 1865 wiederaufgebaut wurde. Innerhalb der Klostermauern liegen sechzehn kleine Kapellen, einschließlich der im 19. Jahrhundert errichteten Kapelle der Erzengel, welche die Reliquien von 150 Heiligen sowie – der Legende zufolge – einen Splitter vom Wahren Kreuz enthalten.*

Athanasios und die Eremiten

Mit wachsender Zahl der Mönche, die auf dem Athos eine spirituelle Zuflucht suchten, begann sich der Charakter des Mönchtums zu verändern und aufzufächern: Das Eremitentum wurde zum Teil überlagert von einem liberaleren Halberemitentum, das später wiederum vom gemeinschaftlich organisierten koinobitischen Leben in den Hintergrund gedrängt wurde. Die Koinobiten erschienen erstmals während des 9. Jahrhunderts auf dem Athos; doch erst unter dem hl. Athanasios, der 963 die Große Lavra gründete, wurde das Koinobitentum zu einer festen Institution.

Bevor Athanasios den Athos aufsuchte, hatte er in Konstantinopel und sechs Jahre im bithynischen Kloster Kyminas als Lehrer gewirkt. In der Hauptstadt unterhielt er gute Beziehungen zum Adel und war persönlicher Ratgeber des erbarmungslosen Generals und künftigen Kaisers Nikephoros II. Phokas, eine Position, die sich als unschätzbar wertvoll erwies, als er versuchte, im athonitischen Mönchtum radikale Änderungen einzuführen. Mit großzügiger Unterstützung Nikephoros' gründete er das erste Großkloster auf dem Athos, die Lavra, nahe der südöstlichen Spitze der Halbinsel.

Nikephoros war trotz seines grausamen Rufs ein tiefreligiöser Mensch und dachte selbst daran, sich in das Kloster zurückzuziehen, wo, wie er Athanasios sagte, »du und ich mit unseren Brüdern allein sein und miteinander die Eucharistie feiern können«. Sein Wunsch nach Einsamkeit wurde allerdings durchkreuzt, als er sich in die Kaiserinwitwe Theophano verliebte, eine Frau von großer Schönheit und nur halb so alt wie er selbst. Athanasios, von diesem Gang der Dinge natürlich aufs tiefste beunruhigt, beschuldigte Nikephoros sogleich in einem Brief, er habe sein Versprechen gebrochen.

Im Typikon des Klosters heißt es, Athanasios sei sogleich nach Konstantinopel gereist und habe den Kaiser zur Rede gestellt und des Verrats bezichtigt. Er habe ihm erklärt, er habe kein Interesse mehr am Heiligen Berg und werde nicht dorthin zurückkehren. Nikephoros war bestürzt, fiel auf die Knie und bat Athanasios inständig, das Projekt voranzutreiben; er träume noch immer davon, sich eines Tages auf den Athos zurückzuziehen und dort mit dem Freund zusammenzuleben. Er habe keinen fleischlichen Umgang mit Theophano gepflogen und werde dies auch künftig nicht tun.

Athanasios war zwar besänftigt, trug jedoch eine schwere Gewissenslast; er kehrte sogleich zum Athos zurück, mit einem Chrysobullon des Kaisers in seinem Reisegepäck, in dem die Lavra zu einem kaiserlichen Kloster erklärt wurde, das von der Kirchenobrigkeit eximiert sei. Weitere Erlasse beschränkten die Zahl der Mönche auf 80 und schenkten dem Kloster Ländereien und ein *solemnion* oder jährliches Gehalt, bestehend aus Getreide und 244 Goldstücken. Außerdem übersandte der Kaiser persönliche Geschenke, eine mit Edelsteinen besetzte Prachtbibel und einen goldenen Reliquienschrein mit einem Splitter vom Wahren Kreuz, die heute zu den größten Schätzen des Klosters gehören, und ein Paar riesige Türflügel aus Bronze, die sich noch an ihrem ursprünglichen Platz befinden. Nikephoros sollte jedoch sein Versprechen nicht mehr einlösen. Sechs Jahre nachdem er den Thron bestiegen hatte, wurde er im Kaiserpalast brutal ermordet, das Opfer einer Intrige zwischen Theophano und ihrem neuen Liebhaber, Johannes Tzimiskes.

Während Nikephoros die materielle Grundlage des Klosters sicherte, beaufsichtigte Athanasios den Bau eines ausgedehnten Komplexes einschließlich der Theotokos-Kirche (der Muttergottes geweihte Kirche), der Mönchszellen, einer Trapeza mit Küche und einer Herberge für Besucher. Doch ebenso wie Nikephoros sollte Athanasios die Vollendung der Großen Lavra nicht mehr erleben. Um das Jahr 1000 wurde sein Leben abrupt beendet, als die Hauptkuppel der Kirche einstürzte. Des unglücklichen Athana-

GEGENÜBER:
Das Vatopedi-Kloster, das zweite in der hierarchischen Ordnung der Athos-Klöster, wurde gegen Ende des 10. Jahrhunderts von drei Mönchen aus Adrianopel, dem heutigen Edirne, gegründet. Hier lebten mehrere herausragende Persönlichkeiten, unter anderem der hesychastische Theologe Gregorios Palamas (14. Jahrhundert), der Patriarch Gennadios Scholarius nach seiner Absetzung vom ökumenischen Thron und Kaiser Johannes VI. Kantakuzenos, der hier seinen Lebensabend verbrachte.

Innenhof des Vatopedi-Klosters mit dem Glockenturm aus dem 15. Jahrhundert und der an das Katholikon anschließenden phiale.

Malerische Erker der Mönchszellen.

Heidnische Skulptur eines Widderkopfs und eines Narrenhaupts, vermutlich aus den Trümmern der antiken Stadt Thyssos stammend, in der Stirnwand des Katholikon.

sios wurde anschließend in Kirchen und Handschriften in Bildern gedacht, die ihn als älteren Mann in einem Mönchshabit, mit schütterem Haar und einem langen, in zwei Enden auslaufenden Bart zeigen. Eines der würdevollsten Gemälde ist die riesige Heimholung des Vaters Athanasios in der Trapeza der Großen Lavra. Hier liegt der Heilige in der Mitte einer von Eremiten übersäten Landschaft, umgeben von den Mauern und Bewohnern des Klosters. Über ihm erscheinen die Zelle, in der er gelebt, und die Kuppel, die ihn getötet hat.

Zu seinen Lebzeiten stießen die radikalen koinobitischen Ideen Athanasios' nicht überall auf Zustimmung. Sein Hauptgegner, der Führer der Anachoreten Pavlos Xeropotaminos, vertrat eine asketischere Interpretation des Mönchtums, die einen vollständigen Rückzug aus dem weltlichen Leben verlangte. Xeropotaminos war so aufgebracht, daß er sich beim neuen Kaiser Johannes I. Tzimiskes, dem Mörder und Nachfolger Nikephoros', gegen die Eingriffe Athanasios' in das Mönchsleben Klage erhob. Der Kaiser beschwichtigte Xeropotaminos, indem er einen weiteren Mönch, Euthymios von Studion, auf den Athos entsandte, der den Vorwürfen nachgehen sollte.

Euthymios sympathisierte jedoch mit den koinobitischen Reformen des Athanasios, und sein Besuch auf dem Athos trug nur dazu bei, die Rechte der Großklöster zu bestätigen. Johannes I. Tzimiskes bemühte sich dagegen um einen Kompromiß zwischen den beiden Gruppen und erließ ein Typikon, das die Rechte der Anachoretenführer und allein lebenden Eremiten anerkannte, an Versammlungen in Karyes teilzunehmen, dem Hauptort und Verwaltungszentrum der Halbinsel.

Innerhalb kurzer Zeit wurden die koinobitischen Klöster die Regel auf dem Athos, und das Leben der athonitischen Eremiten wurde durch eine plötzlich einsetzende Bautätigkeit aus seiner Ruhe gerissen. Innerhalb von 40 Jahren seit der Gründung der Großen Lavra hatte man weitere fünf Klöster auf der schmalen Halbinsel errichtet. Zu diesen zählten Vatopedi, das Kloster »zwischen den Dornenbüschen«; Iviron, das nach seinen iberischen Gründern benannt war; und Chilandariou, das Kloster der »tausend Männer« oder »tausend Nebel«. An der Stellung der Großen Lavra hatte sich jedoch nichts geändert, und sie blieb bis auf den heutigen Tag das führende Kloster in der athonitischen Hierarchie.

Exonarthex der Hauptkirche im Vatopedi-Kloster. Ihr Altarraum, einer der am reichsten geschmückten der ganzen Halbinsel, enthält bedeutende Sakralgegenstände, darunter das Kreuz von Konstantin dem Großen, den Gürtel der Gottesmutter, angeblich von Maria selbst angefertigt, und die Schädel zahlreicher Heiligen in silbernen Reliquienschreinen.

Jenseits der Grenze

Während die Zahl der Mönche und Klöster schnell wuchs, nahm der Athos auch einen stärker kosmopolitischen Charakter an. Orthodoxe Mönche aus nichtgriechischen Ländern trafen auf dem Heiligen Berg ein, so daß dieser mit der Zeit das Zentrum der gesamten östlichen Orthodoxie darstellte. Im Jahr 979 gründeten georgische Mönche das Kloster Iviron, und im Kloster Esphigmenou hatten sich orthodoxe armenische Mönche niedergelassen. Während des 12. Jahrhunderts kamen zahlreiche slawische Mönche aus dem Norden hierher. Das Chilandariou-Kloster wurde 1197 von Serben wieder instandgesetzt, das Panteleimonos-Kloster wurde russisch, und einige Zeit später befanden sich die bulgarischen Mönche in Zographou in der Mehrheit. Es gab sogar für kurze Zeit ein von dem Italiener Amalfitans gestiftetes Kloster mit lateinischem Ritus.

Seit dem frühen 11. Jahrhundert begannen die Führer der Athosklöster ihr Tätigkeitsfeld über den Heiligen Berg hinaus auszudehnen. Die Kaiser Nikephoros II. Phokas und Johannes I. Tzimiskes hatten sich vorgestellt, daß die Athosklöster ihr Interesse auf die Halbinsel beschränkten. Doch unter Basileios II. (976–1025) entwickelten sich etli-

ZU DEN SEITEN 106/107:
Die »Große Lavra«, das größte und führende Kloster auf dem Athos, wurde vom hl. Athanasios gegründet, einer maßgeblichen Persönlichkeit der Mönchsbewegung auf dem Heiligen Berg, und finanziell gefördert von Kaiser Nikephoros II. Phokas, der vergeblich gehofft hatte, hier seinen Lebensabend verbringen zu können.

Nachbyzantinisches Sonnenmotiv in der Wand des Exonarthex des Katholikons der Großen Lavra.

Die Wände des Exonarthex im Vatopedi-Kloster, 1843 neu bemalt, zeigen Krieger-Heilige und die Wiederkunft Christi.

Die phiale *in der Großen Lavra, der größte Weihebrunnen auf dem Athos. Zu Beginn eines jeden Monats und zum Fest der Taufe Christi findet hier eine Zeremonie statt, in der das Wasser geweiht wird.*

GEGENÜBER:
Die Muttergottes, Ausschnitt aus dem Bronzerelief in der Außentür des Katholikon. Der Überlieferung zufolge stammte die Tür aus der Hagia-Sophia-Kirche in Thessalonike und war nach Vatopedi gebracht worden, nachdem die Türken die Stadt 1430 erobert hatten.

Im Haupthof der Großen Lavra.

GEGENÜBER:
In der Großen Lavra hat die Vorhalle zum Katholikon – das in dem durch Buntglasfenster einfallenden Sonnenlicht farbenprächtig leuchtet – 1814 den früheren Narthex ersetzt. Eine herrliche barocke Doppeltür mit Schnitzereien der Adler der orthodoxen Kirche führt links in die Kirche.

Reiche Fresken aus dem 19. Jahrhundert schmücken die Decke des Narthex der Hauptkirche.

GEGENÜBER:
Eine Lampe hängt von der reichbemalten Zentralkuppel des Narthex der Hauptkirche.

UNTEN:
Delegierte bei einer der ersten ökumenischen Synoden, dem Fundament der christlichen Orthodoxie, im Narthex der Hauptkirche der Großen Lavra. Orthodoxe Christen bezeichnen ihre Religion häufig als »Kirche der Sieben Synoden«, da für sie die Periode der Konzile, von 325 bis 787, das große Zeitalter der Theologie ist. Die auf diesen Versammlungen getroffenen Entscheidungen dienen auch heute noch manchen Menschen als Richtschnur in schwierigen Situationen.

OBEN LINKS:
Ein geflügelter Seraph an der gewaltigen Kuppel über dem Säulengang hinter dem Eingang zur Großen Lavra.

OBEN RECHTS:
Ein Geistlicher im Basrelief am weißen Marmorsockel des Narthex der Hauptkirche der Großen Lavra. Der Marmor wurde zu Beginn des 19. Jahrhunderts von einem armenischen Bildhauer mit mystischen Symbolen geschmückt.

che der einflußreicheren Klöster allmählich zu Großgrundbesitzern, deren Ländereien sich bis nach Makedonien, vor allem auf das übrige Territorium der Chalkidike, aber auch nach Thrakien, die nahe gelegenen Inseln Thasos und Lemnos, Serbien und die Walachei erstreckten. Es wurden Beauftragte zur Aufsicht über die entfernteren Güter ernannt, während in Konstantinopel ein eigener Agent die diplomatischen und finanziellen Interessen der Großen Lavra wahrnahm. Innerhalb einer Generation war die Idee eines »Mönchslebens in Armut« von einer Landwirtschaft in großem Stil verdrängt worden. Hatten sich die ersten Einsiedler noch selbst versorgt und waren die ersten Koinobiten noch weitgehend von den jährlichen Zuwendungen des Kaisers abhängig, so dehnten die Mönche des 11. und 12. Jahrhunderts die wirtschaftlichen Aktivitäten ihres halbautonomen theokratischen Staats beträchtlich aus. Produkte vom Athos selbst brachten die Mönche auf den Markt: den Ernteüberschuß an Obst und Gemüse, Holz aus den Wäldern und Wein aus den Klosterkellern. Externe Einkünfte aus der Vermietung von Häusern in Thessalonike und aus weiter entfernt gelegenen Fischzuchten, Mühlen und Werkstätten füllten die Kassen der Klöster. Überhaupt geht es in den Athos-Akten, den bei weitem reichhaltigsten unter den byzantinischen Archiven, zum größten Teil um diese wachsenden Unternehmungen.

Während dieser wirtschaftlichen Blütezeit sorgte nur ein einziger bedeutsamer Vorfall, das »Walachenproblem«, für Aufregung. Obwohl für bartlose junge Männer, Eunuchen, Frauen und alle weiblichen Tiere der Zutritt zur Halbinsel verboten war, ließ sich gegen Ende des 11. Jahrhunderts auf dem Athos eine größere Zahl, nach manchen Quellen bis zu 300 Familien, walachischer Hirten nieder, um die Mönche mit Milch und Käse zu versorgen. Doch Milchprodukte waren nicht das einzige, womit die Siedler die Gelüste der Mönche befriedigen konnten. Viele fromme Väter erlagen den Verlockungen weiblicher Gesellschaft, so daß sie exkommuniziert wurden, was die Besatzung etlicher Klöster ernsthaft dezimierte. Nach Robert Byron verließ »die Hälfte der Mönche ihre Klöster mit den Hirten«. Die Mönche, die standhaft blieben oder die Schwäche des Fleisches verbergen konnten, verlangten die Entfernung der bartlosen Eindringlinge, und um 1100 vertrieb Alexios I. Komnenos die Walachen vom Athos.

Ein Jahrhundert später sollte den Klöstern jedoch weit Schlimmeres widerfahren. Nach der Eroberung Konstantinopels durch die Kreuzritter des Vierten Kreuzzugs 1204 kam der Athos für die folgenden zwanzig Jahre unter die Herrschaft des fränkischen Königreichs Thessalonike. Unter den Franken verloren die Klöster alle Ländereien außerhalb ihrer Halbinsel, ihre Einkünfte wurden drastisch beschnitten. Manche Güter wurden erst zurückerstattet, als die Griechen Konstantinopel 1261 zurückeroberten, doch die Regierung des neu gekrönten Kaisers Michael VIII. Palaiologos erwies sich für den Athos als verhängnisvoll. Michael war die treibende Kraft hinter der auf dem Konzil von Lyon 1274 beschlossenen Union, dem ersten bedeutenden Versuch, den christlichen Osten mit dem Westen zu vereinigen. Seine Beweggründe waren ebenso religiöser wie politischer Art – er benötigte die Unterstützung des Papstes, um Angriffe Karls von Anjou abzuwehren –, und die Union traf auf den starken Widerstand der Mehrheit der orthodoxen Kirche. Auf dem Athos wurden Klöster und Kirchen ausgeraubt; Äbte, die sich der Union widersetzten, wurden im Protaton und in den Klöstern Zographou und Vatopedi hingerichtet. Das alles im Namen der Einheit.

Nach dem Tod Michaels, dem man wegen seines Verrats an der Orthodoxie ein christliches Begräbnis verweigerte, wurde die Union von Lyon offiziell widerrufen. Michaels Sohn und Nachfolger, Andronikos II. Palaiologos, widersetzte sich der Übernahme lateinischer Riten und unterstellte die Klöster der unmittelbaren Aufsicht des Patriarchen Athanasios I., der im Ruf eines strengen Zuchtmeisters stand. Daneben begann er mit dem Wiederaufbau der Athosklöster, die durch seinen Vater zerstört worden waren. Doch die Bauarbeiten waren kaum beendet, als neue schwarze Wolken am Horizont aufzogen. Andronikos hatte unbedachterweise eine widerspenstige katalanische Söldnertruppe entlassen, die er ursprünglich zum Schutz von Kolonien in Kleinasien angeworben hatte. Auf der Suche nach einem neuen Stützpunkt und lukrativen Einkünften ließen sich diese Kriegsleute am westlichsten Vorgebirge der Chalkidike nieder. Von dort aus überfielen sie in den nächsten Jahren den Heiligen Berg, machten seine Bewohner nieder, legten Klöster in Schutt und Asche und schleppten die Klösterschätze fort.

Die Überfälle der Katalanen hielten zum Glück nicht lange an. Nachdem die Söldner sich schließlich doch aus dem Staub gemacht hatten, konnten auf dem Athos wieder normale Verhältnisse einkehren, und in den folgenden hundert Jahren erfreute sich die Mönchsgemeinschaft einer der friedlichsten Perioden ihrer Geschichte. Im Lauf des 14. Jahrhunderts wurden mehrere neue Klöster gegründet, da einige Kaiser ein Interesse daran hatten, das mönchische Leben zu fördern. Fromme Stiftungen trafen aus fernen Gegenden ein: von den Groß-Komnenen aus Trapezunt, aus Bulgarien und von den serbischen Herrschern, die das serbische Kloster Chilandariou wiederbeleben wollten. Der Athos wurde zu einem aktiveren Zentrum der religiösen Diskussion, obwohl seine Isolierung vom geistigen Leben Konstantinopels ihre Nachteile hatte. Seine Bibliotheken, in denen fromme Kopisten geistliche und weltliche Texte abschrieben, wurden gut genutzt und in Ordnung gehalten. Doch viele Mönche verfügten über kaum mehr als elementare Lese- und Schreibkenntnisse und standen einer weltlichen Bildung im Grunde ihres Herzens ablehnend gegenüber.

Als der Athos neue Kraft schöpfte, begannen einige der Mönche auf dem Heiligen

Der Berg Athos war seit jeher pan-orthodox, und in seinen Klöstern lebten Mönche der unterschiedlichsten Nationalitäten. Das russische Kloster Panteleimonos wurde im frühen 19. Jahrhundert an seiner heutigen Stelle erbaut und beherbergte im Lauf von achtzig Jahren mehr als tausend russische Mönche. Alle Gottesdienste in diesem Kloster werden in griechischer und russischer Sprache abgehalten.

Berg, sich den mystischen Methoden des Hesychasmus zuzuwenden, einer Lehre, die unter den Kirchenführern erneute Befürchtungen auslöste. Etwa zur selben Zeit kamen auf dem Athos die ersten sogenannten idiorrhythmischen Klöster auf. Deren Regeln, die in einem gewissen Rahmen Privateigentum der Mönche erlaubten, untergruben die gemeinschaftlichen Grundsätze, die Athanasios vierhundert Jahre zuvor als verbindlich erklärt hatte. Im Jahr 1394 verurteilte Patriarch Nikias in scharfem Protest persönliches Eigentum, den Betrieb privater Küchen und längere Zeiten der Abwesenheit vom Heiligen Berg, allesamt Dinge, die nach dieser neuen Ordnung des Klosterlebens erlaubt waren. Die einzigen Anlässe, zu denen die idiorrhythmischen Mönche zusammenkamen, waren die Gottesdienste in der Kirche und die großen Kirchenfeste. Sie hatten keinen Abt und wählten lediglich ein Oberhaupt auf begrenzte Zeit als Vertreter auf dem Heiligen Synod. Die Idiorrhythmie sagte den kontemplativen Mönchen zu, doch fühlten sich auch weniger asketische Mönche, die an ihrem materiellen Wohlstand festhalten wollten, von ihr angezogen, und das hatte zwangsläufig eine Lockerung der Disziplin zur Folge. Die beiden Systeme bestanden auf dem Athos lange Zeit nebeneinander. Noch in jüngster Zeit flammte der Gegensatz wieder auf, als das letzte noch bestehende idiorrhythmische Kloster in Griechenland, das Pantokrator, 1992 zur koinobitischen Lebensweise zurückkehrte.

Mönche, Türken und Russen

Als die ersten idiorrhythmischen Mönchsgemeinschaften auf dem Athos aufkamen, neigten sich die goldenen Tage von Byzanz schnell ihrem Ende zu. Im Osten gewannen die Türken zunehmend an Boden. Um die Mitte des 14. Jahrhunderts überfielen türkische Piraten die heilige Halbinsel, was etliche Mönche bewog, ihre Zuflucht in den Meteora- und den Paroria-Klöstern zu suchen, während andere in den Überfällen die heraufziehende Bedrohung durch den Islam erkannten. Als die Osmanen ihre Eroberungen nach Westen ausdehnten, beschränkte die byzantinische Regierung jede weitere Vergrößerung des klösterlichen Grundbesitzes, und nach dem Sieg der Türken bei Marica 1371 konfiszierte sie auch einige Ländereien der Athosklöster und übertrug sie der kaiserlichen Armee. Doch die byzantinischen Truppen konnten dem Ansturm der Türken nicht standhalten. Die Osmanen besetzten den Athos 1387 für kurze Zeit und erneut von 1393 bis 1403; 1430 brachten sie ihn dauerhaft unter ihre Herrschaft.

Unter der Türkenherrschaft war das Leben für viele Mönche besser, als sie befürchtet hatten. Nachdem sie sich bereit erklärt hatten, dem Sultan Steuern zu zahlen, behielten sie ihre Autonomie, verloren jedoch ihre Landgüter in Makedonien und Thrakien. Im 16. Jahrhundert, als das junge Osmanenreich wirtschaftlich erstarkte, gelangte auch der Athos zu einer gewissen Blüte. Um 1550 wurde ein neues Kloster, das Stavronikita, gegründet, das letzte der zwanzig Großklöster, die dort gebaut wurden. Und 1578 taten sich die Athosklöster zusammen, um die prächtige Bibliothek Michael Kantakuzenos' zu erwerben, eines der reichsten Männer jener Zeit. Doch die Steuerlast brachte die Klöster bald in Bedrängnis, und Patriarch Jeremias II. war gezwungen, die Buchführung der Mönche durch die Pelzhändlerzunft in Konstantinopel prüfen zu lassen, und damit begann eine lange und schmerzhafte Periode des Niedergangs.

Vom 17. Jahrhundert an verwahrlosten die Bibliotheken auf dem Athos wegen Geldmangel zunehmend, obwohl sie nach wie vor durch wertvolle Schenkungen bereichert wurden. Das folgende Jahrhundert war eine Zeit des allgemeinen Niedergangs im gei-

Das Panteleimonos-Kloster, vom Meer aus gesehen; im Vordergrund ein Teil des Flügels, in dem Gäste untergebracht werden. Das Kloster wurde seit dem Ende des Ersten Weltkriegs vernachlässigt, doch zur Zeit wird der Flügel am Haupteingang restauriert.

stigen und kulturellen Leben; die Athosmönche wurden immer reaktionärer, und zwischen ihnen und der gebildeten Elite in Konstantinopel tat sich eine Kluft auf. Der Hesychasmus hatte nach wie vor Anhänger auf dem Athos, und Gregorios Palamas wurde hier noch gelesen, während er sonst weitgehend in Vergessenheit geriet. Gegen Ende des Jahrhunderts entstand eine rückwärtsgewandte Bewegung für eine geistige Erneuerung. Diese sogenannte »Kollyvades«-Bewegung richtete ihren Zorn gegen den Einfluß der westlichen Aufklärung auf die Orthodoxie statt gegen die Türken. In den Augen ihrer Anhänger war eine Erneuerung der griechischen Nation nur möglich, indem man zu den Wurzeln des orthodoxen Christentums zurückkehrte. Säkulare Vorstellungen aus dem Westen lehnten sie ab und empfahlen eine häufige Kommunion.

Eines der führenden Mitglieder der Kollyvades-Bewegung, der hl. Nikodemos der Hagiorit (1748–1809), bekannt als »Enzyklopädie an athonitischer Gelehrsamkeit«, leistete einen wesentlichen Beitrag zu dieser Ära einer spirituellen Erweckung. Mit seinem Zeitgenossen, dem hl. Makarios, Metropolit von Korinth, gab er die *Philokalia* (»Liebe zum Schönen«) heraus, eine Anthologie mystischer und asketischer Texte, deren Entstehungszeit zwischen dem 4. und dem 15. Jahrhundert lag. Dieses der Übung des inneren Gebets und insbesondere des Jesusgebets gewidmete Werk war für Laien wie für Mönche gedacht und wird bis auf den heutigen Tag gelesen und benutzt.

Andere Mönche fanden ihre Stärke in der Missionstätigkeit. Zu ihnen gehörte der hl. Kosmas der Aitolier (1714–1779), der auf dem griechischen Festland und den Inseln umherreiste und überall große Menschenmengen anzog. Um der allgemeinen Mutlosigkeit entgegenzuwirken, gründete er neue Schulen zur Förderung der griechischen Sprache und des orthodoxen Glaubens. Seine apostolischen Reisen müssen ziemlich

OBEN UND S. 122/123:
Zwiebeltürmchen auf den Kuppeln des Katholikon, wie sie für russische Kirchen typisch sind.

OBEN RECHTS:
Das Panteleimonos-Kloster umfaßt mehr als ein Dutzend kleiner Kapellen, die den Heiligen Konstantin und Helena, Wladimir und Olga sowie mehreren Bischöfen von Moskau und anderen russischen Heiligen geweiht sind.

erfolgreich gewesen sein; seine Predigten beunruhigten die Türken so sehr, daß sie ihn schließlich hinrichteten und auf diese Weise einen weiteren »Neuen Märtyrer« schufen.

Die Gründung der Athos-Akademie in der Nähe des Vatopedi-Klosters 1753 war ein Versuch des Patriarchen Kyrillos V., den Heiligen Berg als Zentrum religiöser Kultur wiederherzustellen; doch er dürfte mit einer derart kühlen Reaktion der Mönche auf dieses Vorhaben wohl kaum gerechnet haben. Kyrillos ernannte den Korfioten Eugenios Voulgaris, einen der führenden Philosophen seiner Zeit, zum Lehrer des Zentrums, doch dessen moderne Auffassungen jagten den Mönchen einen solchen Schrecken ein, daß er gezwungen wurde, den Athos zu verlassen und sich in Konstantinopel nach einem neuen Amt umzusehen. Mit der wachsenden Bildungsfeindlichkeit der Mönche entfremdeten sich der Athos und die Griechen in Konstantinopel, und der Heilige Berg verlor für Männer von Bildung jede Anziehungskraft.

Der Antiintellektualismus der Athosmönche und ihr Mißtrauen gegen alle westlichen Werte waren in vieler Hinsicht eine Bekräftigung ihres Glaubens, ein Versuch, das Wesen dessen zu bewahren, woran sie glaubten, unbelastet von den jüngsten wissenschaftlichen Theorien. Um die wahre orthodoxe Tradition zu verbreiten, richteten die Mönche in der Großen Lavra eine Druckerei ein, die dazu beitrug, ihre Ideen von einem griechischen Kulturbewußtsein bis zur nationalen Unabhängigkeit unter das Volk zu bringen. Der Berg blieb außerdem ein wichtiges Ziel für orthodoxe Pilger. Einem englischen Arzt, Doktor Hunt, der den Athos 1817 besuchte, verdanken wir eine amüsierte Schilderung eines Festtages:

»Am Ostertag fanden sich dort über fünfzehnhundert Menschen ein, in der Hauptsache albanische, bulgarische und walachische Griechen, die im Hof des Klosters ihr Essen einnahmen. Man hätte glauben können, daß die unterdrückten christlichen Bauern in den benachbarten türkischen Provinzen, sobald sie etwas Geld erspart haben, oder Piraten und Freibeuter nach einer erfolgreichen Kaperfahrt eine Pilgerreise zu diesem Heiligen Berg unternehmen, wo sie nicht nur die vollständige Absolution erhalten, indem sie einen Teil ihres Gewinns hergeben, sondern auch den Luxus genießen, einem ständigen Gebimmel von Glocken zuzuhören sowie des Anblicks prächtiger Kirchen, Heiligenbilder und wundertätiger Reliquien teilhaftig zu werden.«

Das Leben auf dem Athos sollte jedoch bald erneut aufgestört werden, als der Geist des Aufstands über die Halbinsel wehte. Die Bergmönche waren in ihrer Haltung zum Unabhängigkeitskrieg gespalten. Vor allem die Äbte hüteten sich vor einer aktiven Einmischung. Doch viele Mönche der unteren Ränge empfanden große Sympathie für die Sache ihrer Landsleute und für die Unternehmungen ihrer mönchischen Brüder auf der Peloponnes. 2000 Athoniten planten einen Aufstand, doch dieser wurde von den Türken sogleich niedergeschlagen, die auf dem Athos eine ständige Garnison mit 3000 Soldaten einrichteten und über die Aufständischen eine schwere Geldbuße verhängten.

Nach den Berichten westlicher Reisender zu urteilen, brachen jetzt für die Zurückgebliebenen schwere Zeiten an. Die wenigsten fanden ein gutes Wort für die Bergmönche. Der durchschnittliche Mönch hatte das Lesen verlernt und sang einfach die Liturgien, die er mechanisch auswendig gelernt hatte. 1856 beschrieb Edward Lear sie in seiner unnachahmlichen Art als »mauschelnde, maultierstörrische, menschenfeindliche, miesepetrige, misogyne, monotönende, müde, mürrische, mümmelnde, Maulbeermarmelade mampfende Mönche«.

Verschmäht von westlichen Reisenden, im Streit mit dem Sultan und der katholischen Kirche, lagen die griechischen Mönche bald auch mit dem russischen Kloster des hl. Panteleimon in Fehde. Seit dem 11. Jahrhundert hatte hier ein den Russen zugeteiltes Kloster existiert, doch als dessen Besatzung den Heiligen Berg während des Unabhängigkeitskriegs verließ, übernahmen griechische Mönche dort das Ruder. 1834 fanden sie sich wegen der starken Verschuldung des Klosters bereit, fünfzehn zahlende russische Novizen aufzunehmen, denen weitere in dieses traditionelle Refugium folgten. Die Russen stellten bald eine Mehrheit und forderten das Recht, jeden zweiten Tag Messen nach ihrem Ritus zu lesen und ihren eigenen Abt zu wählen. Die griechischen Mönche, unterstützt vom Heiligen Synod in Karyes, widersetzten sich vehement der zweiten Forderung, wurden jedoch von Patriarch Joachim II. überstimmt, der nach substantiellen Geschenken aus St. Petersburg zugunsten der Russen entschied.

Ohne es zu bemerken, wurde der Athos zum Objekt der Realpolitik. In dem 1878 geschlossenen Vertrag von San Stefano, mit dem der Türkisch-Russische Krieg beendet wurde, erkannte der Sultan die Existenz ausschließlich russischer Gemeinschaften auf dem Heiligen Berg an. In dem Vertrag hieß es: »Die Athosmönche russischer Herkunft sollen auch weiterhin ... dieselben Rechte und Prärogativen genießen, wie sie auch anderen religiösen Einrichtungen und Klöstern auf dem Athos gewährt werden.« Das weckte den Argwohn der Großmächte, und im Vertrag von Berlin 1878 erhielten alle orthodoxen Mönche auf dem Athos, gleich welcher Herkunft, dieselben Rechte. Noch wichtiger war, daß mit dem Vertrag die Autonomie der gesamten Halbinsel als unabhängige Theokratie in einer zunehmend instabilen Region anerkannt wurde.

Rußland hatte jetzt in einem faktisch separaten ägäischen Staat Fuß gefaßt. Sogleich unternahm es Schritte, um seine Stellung auszubauen, erwarb den Pachtgrund von zwei

Ein Mönch schlägt vor der Panteleimonos-Kirche ein Semantron, ein hölzernes Brett, mit dem er die Gläubigen zum Gebet ruft.

Der Abt des Panteleimonos-Klosters in liturgischen Gewändern am Pfingstmontag.

Sketen und zwanzig Kellien, die so stark erweitert wurden, daß sie dem Besitz eines der Großklöster entsprachen. Von den 548 Mönchen, die um die Jahrhundertwende dem griechischen Pantokrator-Kloster angehörten, waren 80 Prozent Russen, die überwiegend in der zugehörigen Skete des Propheten Elias lebten. Aufgrund ihrer großen Zahl beabsichtigten die Russen jetzt, den Status eines Großklosters zu erhalten und auf diese Weise ihre Vertretung im Heiligen Synod in Karyes zu verbessern. Doch auf den gefügigen Patriarchen Joachim II. folgte eine wesentlich klügere Persönlichkeit, Joachim III. »der Prächtige«, der sich allen weiteren russischen Vorstößen widersetzte; er reorganisierte die ungeschriebene Tradition des athonitischen Rechts und war maßgeblich am Zustandekommen der ersten Verfassung des Heiligen Bergs beteiligt. Im Entwurf zu diesem Dokument wurde jede Erweiterung der bestehenden zwanzig Großklöster, siebzehn griechischer und drei nichtgriechischer, kategorisch ausgeschlossen.

Die Verfassung war gerade zwei Jahre in Kraft, als die Halbinsel von weitaus dramatischeren Ereignissen erschüttert wurde. Der Erste Balkankrieg brach aus, die Griechen errangen schnell die Oberhand, und nach fast einem halben Jahrtausend wurden die Türken schließlich aus Makedonien vertrieben. Am 2. November 1912 kam der Heilige Berg wieder unter christliche Herrschaft. Als vier griechische Kriegsschiffe vor der Küste vor Anker gingen, suchten die auf der Halbinsel eingesetzten osmanischen Beamten im Panteleimonos-Kloster Zuflucht. Nach einigem Zögern lieferte der Abt die Türken aus, während die Griechen die blauweiße Fahne über Postamt und Zollhaus hißten. In der langen Geschichte des Athos brach eine neue Ära an.

Nach dem Krieg forderten die griechischen Klöster, den Athos mit Griechenland wiederzuvereinigen. Die Slawen traten für eine Unabhängigkeit unter der Oberhoheit aller orthodoxen Kirchen ein. Rußland befürchtete, Griechenland könnte versuchen, die bestehenden Vereinbarungen mit der griechischen Obrigkeit zu ändern, und schlug eine internationale Kommission als höchstes Regierungsorgan vor. Für den Fall, daß es zur Schaffung eines solchen Organs käme, forderte der Patriarch von Alexandria von vornherein eine Beteiligung Englands, da es die Rechtsprechung über die autokephale Kirche von Zypern habe. Selbst Österreich-Ungarn, das über das serbisch-orthodoxe Patriarchat von Karlowitz herrschte, forderte eine Vertretung in dem geplanten Gremium. Der 1913 geschlossene Vertrag von London löste das Problem nicht, sondern erklärte lediglich, daß die fünf Mächte über das Schicksal des Athos entscheiden würden. Doch kaum etwas wurde erreicht. Auf dem Heiligen Berg gingen beunruhigende Gerüchte um. Die Griechen mißtrauten den Motiven der russischen Mönche.

Während die griechischen Mönche auf dem Athos überall Feinde witterten, vergingen vier Jahre, bis in dem 1923 in Lausanne ratifizierten Vertrag von Sèvres die griechische Oberhoheit über den Athos festgeschrieben wurde. Der Vertrag enthielt Garantien im Hinblick auf die Unverletzlichkeit aller nichtgriechischen Klöster, und Griechenland sagte zu, ihre in einer 900 Jahre währenden Tradition überlieferten Rechte und Freiheiten zu achten. Die Autonomie des Heiligen Bergs und die Unverletzlichkeit der zwanzig Großklöster werden in der griechischen Verfassung noch einmal bekräftigt. Alle Mönche sollten ungeachtet ihrer Nationalität nicht nur gleiche Rechte genießen, sondern auch die griechische Staatsbürgerschaft erhalten. Als rumänische Mönche versuchten, ihre Skete in den Rang eines Großklosters erheben zu lassen, erwiderte die Regierung in Athen einfach, aufgrund von überlieferten Bräuchen und ihren eigenen Gesetzen könne sie dem Begehren nicht stattgeben. An dieser Lage der Sache hat sich offiziell bis heute nichts geändert. Es gibt jedoch einige griechische wie nichtgriechische Gemeinschaften auf dem Berg, die sich mit dem Vertrag von Lausanne nie abgefunden haben. In den vergangenen Jahren haben neue politische Ambitionen und alte Ressentiments ihr häßliches Haupt erhoben, um den Berg erneut heimzusuchen.

Der athonitische Stil

GEGENÜBER:
Der Glockenturm des Protaton, das der Gründung des ältesten Klosters auf dem Athos 963 noch vorausgeht, als Karyes bereits für die Mönche auf der Halbinsel das religiöse Zentrum und der künftige Hauptort war.

Aus der Entfernung bieten die monolithischen, überaus pittoresken Küstenklöster des Athos eher das Bild einer mittelalterlichen Bühnenkulisse, aus der jeden Augenblick die Schauspieler hervortreten können, als das von lebenden spirituellen Gemeinschaften. Ihre Wirkung beruht ähnlich wie bei den tibetischen Lamaklöstern mindestens ebensosehr auf ihrer außergewöhnlichen Lage wie auf ihrer Architektur: Die Komplexe in ihrer Gesamtheit sind weitaus eindrucksvoller als ihre einzelnen Elemente. Kleinen, befestigten Bergstädten vergleichbar stehen die größeren Klöster im Schutz gewaltiger, durch Wachttürme verstärkter Mauern, eine Erinnerung daran, daß Piraten und ausländische Flotten einst eine ständige Bedrohung darstellten. Innerhalb der Mauern liegen die Zellen der Mönche, Reihen von Zimmern mit durchlaufendem Balkon davor oder große, holzverkleidete Flügel; und im zentralen Innenhof befinden sich ein überkuppelter Weihebrunnen und ein Glockenturm, das Katholikon (die Hauptkirche), mehrere Nebenkapellen und, sofern vorhanden, die Trapeza.

Aus den frühen Tagen des 10. bis 12. Jahrhunderts ist bis auf einzelne Abschnitte der Mauer und die Hauptkirchen einiger Klöster wenig erhalten geblieben. Was wir heute sehen, ist ein eigenartiges Gemisch von Gebäuden, die im Lauf der wechselvollen Geschicke des Athos nach und nach hinzugefügt oder umgebaut wurden. Es hat hier nie einen großartigen Gesamtplan oder überhaupt einen Baumeister wie etwa Palladio oder Wren gegeben, der ein großes Bauwerk individueller Prägung entworfen hätte.

Dennoch sind die Kirchen des Athos attraktive Beispiele der byzantinischen Architektur. Fast alle beruhen auf dem Plan, den 963 Athanasios in der Großen Lavra eingeführt hatte. Hier wurde ein kreuzförmige oder quadratische, in neun kleinere Quadrate unterteilte Grundfläche von einer auf vier Stützen ruhenden Kuppel überwölbt. Zum Allerheiligsten gelangte man durch einen Doppelnarthex, der von zwei Seitenkapellen flankiert war. Der Grundriß mit einem Dreiapsidenchor im Osten wurde später in Iviron und Vatopedi übernommen, blieb jedoch weitgehend unverändert, bis der Doppelnarthex im Chilandariou-Kloster durch einen einzigen rechteckigen Raum für die Psaltes (Sänger) ersetzt wurde, die sogenannte Liti. Verständlicherweise hatten die Baumeister des Athos, die im wesentlichen konservativ eingestellt waren, außerhalb der Halbinsel keinen nennenswerten Einfluß auf die byzantinische Architektur. Die athonitischen Grundprinzipien stammten aus Südgriechenland, Syrien und dem Sinai und wurden später auch in Bulgarien aufgegriffen.

Zur Verwaltung der verstreut liegenden Klöster und zu ihrer Versorgung mit dem Lebensnotwendigen hat der Athos eine eigene »Hauptstadt«, Karyes, ein malerisches Dorf in der Mitte der Halbinsel. Hier steht das Protaton, die Kirche des gewählten Vorstehers der Klöster und einzige Basilika auf dem Heiligen Berg. Von außen ist es ein bescheidener Steinbau, birgt jedoch in seinem Innern einige der frühesten und schönsten Fresken der makedonischen Schule, die unter der Regierung von Kaiser Andronikos Palaiologos (1282–1328) ihre Blütezeit erlebte. Wahrscheinlich gemalt von Manolis Panselinos, erklärt sich ihre ungewöhnliche Anordnung aus der Schwierigkeit, ein für Kreuzkuppelkirchen entwickeltes System dem nüchternen Plan einer Basilika anzupassen. Die Fresken, die im Lauf der Jahre eine mattrosa Patina angenommen haben, sind in vier Reihen angeordnet. Die unterste ist eine echte Porträtgalerie von Kirchenvätern, Eremiten und Heiligen. Darüber, an der Westwand, sieht man die Heimholung der Gottesmutter, auf den drei übrigen Seiten Porträts der vier Evangelisten. Die dritte Zone enthält Szenen aus dem Leben Christi, und die oberste zeigt Darstellungen der Vorfahren Christi bis zurück zu Adam.

Noah auf einem Wandbild in der aus dem 10. Jahrhundert stammenden Kirche des Protaton, der einzigen Basilika auf der Halbinsel im Hauptort Karyes. Die Kirche wurde zu Beginn des 14. Jahrhunderts von Manolis Panselinos ausgemalt, einem führenden Künstler der makedonischen Schule.

Wandgemälde in der offenen Vorhalle des Protaton.

Auch im Kloster Vatopedi sind frühe Fresken (aus dem Jahr 1312) erhalten, wenn auch stark übermalt. Hier dominiert im Gegensatz zum Protaton ein dunkles Blau, das durch Tupfer von Ultramarin, Rot und Ocker herausgehoben wird, wodurch die ganze Kirche einen kühlen Eindruck macht. Die beherrschenden Malereien, Meisterwerke der makedonischen Schule, sind zwei lebensgroße Szenen der Kreuzigung und des Einzugs in Jerusalem. Auf letzterem Bild sitzt Christus in einem dunkelblauen Gewand seitlich auf dem Esel. Die jüdische Menge schwingt Palmwedel und blickt erwartungsvoll. Dahinter ragt die Stadt auf in Gestalt von Dächern und roten Kuppeln, überspannt von einem indigoblauen, mit Sternen übersäten Himmel.

Das Urteil ausländischer Besucher über byzantinische Malereien hat sich seit den Tagen der großen Reisen des 18. und 19. Jahrhunderts radikal geändert. Die frühen Forscher und Kunstkritiker disqualifizierten sie häufig als rohe und statische Kunst. Während seines Besuchs auf dem Athos nach 1830, auf der Suche nach mittelalterlichen Manuskripten, geriet Robert Curzon nicht gerade in Begeisterung; seine negativsten Kommentare behielt er den Fresken der Großen Lavra vor. »In diesen Bildern«, schrieb er, »die häufig ein riesiges Format aufweisen, war den Künstlern anscheinend weitaus mehr daran gelegen, das Häßliche der Teufel statt der Schönheit der Engel darzustellen, deren Gesichter auf allen diesen alten Fresken sehr grob wirken.« Ein Jahrhundert nach ihm beschrieb Robert Byron dieselben Malereien als »drei der bedeutendsten Freskenzyklen auf dem Berg«, eine Auffassung, die auch heute noch allgemein geteilt wird.

Die restaurierten Malereien der Großen Lavra, die so gegensätzliche Reaktionen auslösten, wurden 1535 in einem ziemlich düsteren Stil von dem berühmten kretischen Maler Theophanes ausgeführt. Die Maler der kretischen Schule, die danach überall in der Levante tätig waren, richteten sich nach Regeln, die in Malerhandbüchern nieder-

Der hl. Merkurios, einer von mehreren Krieger-Heiligen, zu denen auch der hl. Georg und der hl. Demetrios gehören, die von den orthodoxen Christen verehrt werden. Sie wurden auch von den Kreuzrittern um Hilfe in ihren Schlachten angerufen.

Der hl. Artemios, der um 363 den Märtyrertod starb, war ein Veteran aus dem Heer Konstantins des Großen und kaiserlicher Präfekt von Ägypten.

Ausschnitt aus einem Wandbild in der Kirche des Protaton, das den hl. Bakchos darstellt.

Der Prophet Daniel. Das Prophetenbuch Daniel, ein zwischen 167 und 164 v. Chr. geschriebenes Phantasiewerk, sagte den Untergang des griechischen Reiches und den Triumph des Messias voraus, der auf Erden eine Regierung aus allen Heiligen einsetzen werde, die treu am Glauben festgehalten hatten.

Christusdarstellung. Ausschnitt aus einem Wandbild in der ProtatonKirche.

gelegt waren. Eines von ihnen ist von einem Mönch namens Denys vom Fourna-Kloster in Agrapha verfaßt. Dort heißt es, Füße, Hände und Gesicht der Figuren müßten zunächst in tiefschwarzen Konturen gemalt und die Fleischfarben sparsam hinzugefügt werden. Nur die beleuchteten Partien des Gesichts sollten Farbe erhalten. Auf dem Athos sind in der Kapelle des hl. Georg im Pavlou-Kloster noch einige Fragmente von Bildern der kretischen Schule mit ihrer ursprünglichen Farbgebung erhalten.

Die Geschichte der kretischen Schule ist kaum dokumentiert, doch ist über die wichtigsten Maler einiges bekannt. Sowohl Theophanes der Kreter als auch sein Zeitgenosse Zorzi, der 1547 das Katholikon des Dionysiou-Kloster ausschmückte, waren auf der Insel geboren. Theophanes' Lehrer Manolis Panselinos stammte dagegen wahrscheinlich aus Thessalonike, was die Vermutung nahelegt, daß der kretische Stil sogar die makedonische Schule auf ihrem eigenen Platz verdrängte. Während die Freskenmalerei in Makedonien verfiel, erlebte sie in Kreta eine Blüte, was einfach daran lag, daß die Insel im Unterschied zum größten Teil des übrigen Griechenlands bis 1669 vom türkischen Joch frei blieb. Der kretische Einfluß auf den Athos zeigt sich auch in den Tausenden von Ikonen, die an den Klosterwänden hängen und die Ikonostasen schmücken.

Möglicherweise waren die ersten Ikonenmaler auf dem Athos bereits im 10. Jahrhundert tätig, und vermutlich gab es dort im 14. Jahrhundert eine Werkstatt, in der Ikonenwände angefertigt wurden. In der Großen Lavra datiert die älteste Ikone aus dem frühen 11. Jahrhundert, als Kosmas, ein ehemaliger Mönch des Klosters, Pantaleon, einen führenden Künstler aus Konstantinopel, beauftragte, ein Porträt des hl. Athanasios zu malen. Den am meisten verehrten Ikonen schreibt man Wunderkräfte zu. Manche vergießen Tränen, andere verströmen einen schwachen Myrrheduft, während die berühmteste Ikone auf dem Heiligen Berg, ein Bild des hl. Nikolaus aus dem 13. Jahrhundert im Stavronikita-Kloster, sogar Blutstropfen vergoß. Nach der Legende wurde die Ikone im 16. Jahrhundert von Piraten geraubt. Jahre später wurde sie an Land gespült, und in der Stirn des Heiligen saß eine Muschel fest. Als man sie entfernte, quoll Blut aus der Stelle hervor. Eine der beiden Muschelschalen verblieb im Kloster, die andere schickte man als Geschenk an den Ersten Patriarchen von Moskau.

Auf dem Athos hat sich nie eine erkennbare Schule entwickelt. Ähnlich wie die Freskenmaler kamen die meisten Ikonenmaler in den letzten Jahrhunderten der byzantinischen Herrschaft aus Thessalonike oder Konstantinopel und wurden später von den Kretern verdrängt, mit ihrem starken Farbgefühl und weniger formelhaften Kompositionen, als sie für die makedonische Schule charakteristisch sind. Der Ikonenhandel wirkte beflügelnd auf die Maler der Insel, deren Arbeiten im Katharinenkloster auf dem Sinai, in Venedig und Alexandria sowie überall auf dem Athos zu bewundern sind.

GEGENÜBER:
Jesus wäscht Petrus die Füße, um seine Jünger Demut zu lehren. Wandbild im Protaton.

Manuskripte und Miniaturen

Die Reisenden des 18. und 19. Jahrhunderts konnten sich zwar nur selten zu einem Lob der byzantinischen Malerei durchringen, doch um so beeindruckter zeigten sie sich von den anderen Schätzen. Seit der Gründung der Großen Lavra 963 erhielten die Mönchsgemeinschaften auf dem Athos Geschenke in Form von Kreuzen und liturgischen Gewändern und Gefäßen, schön gebundenen und illuminierten Büchern sowie Tausenden von orthodoxen Ikonen. Einer der erstaunlichsten Schätze ist der Schrein in einer kleinen Krypta im Dionysiou-Kloster, der die Reliquien des hl. Niphon enthält, eines der ersten Ökumenischen Patriarchen nach der Eroberung Konstantinopels.

S. 132/133:
Sonnenaufgang über der bulgarischen Skete Bogoroditsa, die zum Panteleimonos-Kloster gehört.

OBEN: *Nach der Überlieferung wurde das Xenophontos-Kloster im 10. Jahrhundert gegründet; die ersten Zeugnisse dieser Mönchsgemeinschaft stammen jedoch aus der Zeit unter Kaiser Nikephoros III. Botaneiates (reg. 1078–1081) ein Jahrhundert später. Nach seiner Abdankung legte der Admiral des Kaisers namens Stephan die Mönchsgelübde ab, nahm den Namen Symeon an und wurde Abt des Klosters.*

Mönchszellen im Xenophontos-Kloster. 1784 war das Xenophontos die erste Gemeinschaft, die zum Koinobitentum zurückkehrte, nachdem es gleich vielen anderen Klöstern aufgrund seiner schlechten wirtschaftlichen Lage gezwungen gewesen war, das idiorrhythmische System zu übernehmen.

Noch vor dem Ende seiner Amtszeit zog er sich auf den Athos zurück, wo er als Holzschnitzer und Maultiertreiber arbeitete. Erst nach seinem Tod 1515 enthüllte sich seine wahre Identität, und man legte seine Gebeine in diesen Behälter, ein Geschenk seines Beichtvaters und Paten, des Woiwoden Neagoe Basarab aus der Walachei. Der wunderbar gearbeitete Schrein stellt eine Kreuzkuppelkirche dar und trägt fünf goldene Kuppeln. Auf allen vier Seiten verläuft unter der Dachtraufe ein Doppelfries mit Heiligenbildern aus Email. Die Mauern sind von feinem Maßwerk durchbrochen.

Weniger reich verziert, aber ebenfalls schön gearbeitet ist der Deckel eines Lektionars im Schatz der Großen Lavra, der dem Kloster von Nikephoros II. Phokas geschenkt wurde. Dieser herrliche Deckel aus vergoldetem Metall ist mit Edel- und Halbedelsteinen eingelegt: Amethyst und Granat, Lapislazuli, Beryll und Karneol. In jeder der vier Ecken bedecken große Bergkristalle die heiligen Monogramme Christi und der Muttergottes. Christus selbst steht barfuß auf einem Kissen, eine geöffnete Bibel in der linken Hand. Weitere Steine links und rechts von ihm sind zu Kreuzen gefügt, und sein Kopf ist von einem Heiligenschein aus einer Doppelreihe von Perlen umgeben.

Merkwürdigerweise finden die Schätze des Heiligen Bergs bei Robert Curzon kaum Erwähnung. Doch andererseits galt sein eigentliches Interesse wie bei anderen Reisenden vor ihm den Bibliotheken des Athos. Sie enthalten eine der reichsten Sammlungen religiöser Dokumente der Welt: über 12000 Manuskripte, die auf Pergament, Papier oder Seide geschrieben sind. Über 800 davon sind illuminiert, und viele wurden unlängst in einem von insgesamt drei voluminösen Bänden abgebildet, die unter dem Titel »Die Schätze des Bergs Athos« in Athen erschienen sind. Die frühesten illustrierten Manuskripte – sie bilden eine kleine Minderheit – datieren aus dem 9. und 10. Jahrhundert; zu ihnen gehören das Alte und Neue Testament, Monologien, Evangelienbücher und verschiede Homiliarien. Ebenso wie bei den Ikonen wurden nur wenige von ihnen auf dem Heiligen Berg selbst hergestellt; die meisten kamen aus anderen Bibliotheken in Konstantinopel, zumeist in den letzten düsteren Jahren der byzantinischen Herrschaft.

Die führenden Athosklöster besitzen allesamt umfangreiche Bibliotheken, doch die reichste von ihnen, mit 10000 gedruckten Büchern und über 2000 Handschriften, gehört der Großen Lavra. 1837 fand Curzon diese Bibliothek ziemlich vernachlässigt vor. Wie er schrieb, waren die Bücher »einigermaßen sorgfältig in Regalen geordnet, doch der Staub auf ihren ehrwürdigen Häuptern war seit vielen Jahren nicht aufgewirbelt worden, und es kostete mich einige Zeit, um herauszufinden, was für Bücher es waren, denn in den altgriechischen Bibliotheken tragen die meisten Bücher auf dem Rücken keine Titelaufschrift«. Curzon war am Kauf alter Bücher interessiert und besuchte die Bibliothek mehrmals, um all die Pergamentmanuskripte einer genaueren Prüfung zu unterziehen. Er gelangte zu dem Schluß, daß keines von ihnen von besonderem Wert sei und daß »in einer so großen Gemeinschaft« die Mönche ohnedies nicht geneigt sein würden, etwas von ihren Kostbarkeiten wegzugeben. So begab er sich zu den Bibliotheken anderer Athosklöster.

Im Karakalou-Kloster nördlich der Großen Lavra waren die Mönche dagegen gern bereit, mit dem Besucher ins Geschäft zu kommen. Der Abt, der Curzon bei seinem Gang durch die düstere Bibliothek begleitete, erlaubte dem Bibliophilen, ein loses Blatt aus einem alten, in griechischen Unzialen geschriebenen Matthäusevangelium einzustecken. Dann entnahm er einer Apostelgeschichte aus dem 11. Jahrhundert einen dicken Packen Blätter und überreichte sie Curzon, möglicherweise in der Annahme, dieser benötige sie vielleicht, um Marmeladetöpfe damit abzudecken. Weitere Bücher wechselten zu einem moderaten Preis ihren Besitzer, und dank der Einnahmen aus diesem Handel konnte ein Teil des während des griechischen Unabhängigkeitskriegs beschädigten Innenhofs wiederhergestellt werden.

Als zehntes Kloster in der hierarchischen Ordnung des Athos wurde das Dochiariou nach dem ursprünglichen Beruf seines Gründers Euthymios benannt. Vor seiner Zeit als Mönch war dieser ein docheiarios *gewesen, eine Art Rechnungsführer für die Vorräte an Öl und anderen Lebensmitteln in der Großen Lavra.*

GEGENÜBER:
Der Uhrturm des Xeropotamou-Klosters aus dem späten 18. Jahrhundert. Das den Vierzig Märtyrern geweihte Kloster war eine der reichsten Stiftungen auf dem Athos während des 11. Jahrhunderts. Es besitzt noch immer ausgedehnte Ländereien und wird zur Zeit umfassend restauriert.

Der Abt im Karakalou-Kloster war wohl eine Ausnahme. Im Philotheou-Kloster wurde Curzon von den Mönchen barsch abgefertigt, die sogar abstritten, über eine Bibliothek zu verfügen. Im bedeutenden Iviron-Kloster fand er eine gut erhaltene Buchsammlung, darunter ein reich illuminiertes, in roten Samt eingebundenes Evangelistar, ferner ein Exemplar der vier Evangelien, illustriert mit herrlichen Miniaturen der vier Evangelisten, das nach Curzon Ähnlichkeit mit einem Buch der Episteln in der Bodleian Library in Oxford hatte, und eine hervorragende Handschrift der Psalmen aus dem 11. Jahrhundert. Doch nichts konnte die Mönche bewegen, sich von ihren wertvollen Büchern zu trennen, und Curzon mußte sich mit einer vom Sekretär des Klosters geschriebenen Geschichte dieser Einrichtung begnügen. Auch in Stavronikita hatte er kein Glück, und im Pantokrator mußte er betrübt feststellen, daß dessen Bücherbestände kurz zuvor in den Wirren der griechischen Revolution vernichtet worden waren.

Bessere Karten hatte er im Dochiariou, dessen Väter ihm drei Blätter eines Evangelistars aus dem 9. Jahrhundert gaben. Doch im Xenophontos-Kloster, wo Curzon Pergamentrollen und drei wichtige Handschriften auf Leder entdeckte, traf er zugleich auf die ausgebufftesten Levantiner unter den Mönchen. Fünf Stunden lang verhandelten sie bei Kaffee, Sorbet und Ouzo über den Preis, bevor Curzon schließlich mit einer von Kaiser Alexios Komnenos unterzeichneten Urkunde und vier Evangelien, ursprünglich ein königliches Geschenk an das Kloster, von dannen zog. Einige Tage später schenkte man ihm im Kloster Agiou Pavlou einige Bücher zur Erinnerung an seinen Besuch. Als er im Simonos-Petras-Kloster über den Kauf dreier Werke verhandelte, entdeckte man auf einem Exemplar der Evangelien ein Anathem, das der kaiserliche Geber des Buchs

In der orthodoxen Kunst wird der hl. Demetrios aus Thessalonike meistens gemeinsam mit einem zweiten Krieger-Heiligen, dem hl. Georg, dargestellt. Häufig lassen sie sich allein anhand der Farben ihrer Pferde unterscheiden: das Reittier des Demetrios ist ausnahmslos graubraun, das des hl. Georg fast immer weiß gemalt.

Der hl. Paulus in der Kirche der Vierzig Märtyrer, 1783 gemalt, zwanzig Jahre nachdem die Kirche mit Geldern restauriert worden war, die Kaisarios Daponte, einer der dortigen Klostermönche, gesammelt hatte. Die Vierzig Märtyrer waren Armenier des 4. Jahrhundert, die vom damaligen Kaiser Licinius, einem Gegner des Christentums, in einen eiskalten See getrieben wurden.

Der hl. Onuphrios, ein ägyptischer Anachoret des 4. Jahrhunderts, im Exonarthex des Katholikon. Onuphrios lebte allein; ein langer weißer Bart reichte ihm bis zu den Knien, und eine Palme versorgte ihn mit Früchten, von denen ihm eine im Monat genügte. Wie bei anderen ägyptischen Heiligen verbreitete sich sein Kult im gesamten Vorderen Orient und war besonders in Klöstern populär.

GEGENÜBER:
Detail einer Ziegelmauer im Ostflügel des Klosters, mit einem eingelegten Kreuz aus zerbrochenen Fliesen vermutlich türkischen Ursprungs.

FOLGENDE SEITEN:
Mönchsbehausungen und Gemüsegärten in der Nähe des Xeropotamou-Klosters.

Das bulgarische Zographou-Kloster. Im Hauptinnenhof steht ein Denkmal zu Ehren von sechsundzwanzig Mönchen, die im Oktober 1276 im Turm des Klosters bei lebendigem Leib verbrannt wurden, weil sie sich einer Vereinigung der orthodoxen und der katholischen Kirche widersetzt hatten.

gegen jeden aussprach, der das Werk veräußern oder verschenken sollte. Curzon erstand immerhin die beiden anderen Bücher, die er seiner beachtlichen Sammlung einverleibte; er ließ sie nach Konstantinopel und von dort nach London verschiffen, wo sie 1917 durch Stiftung in den Bestand des Britischen Museums übergingen.

Die Tage Curzons und anderer Sammler alter Handschriften im 19. Jahrhundert gehören längst der Vergangenheit an. Heute sind die Athosbibliotheken sicher unter Verschluß, und ihre Bestände können nur von Byzantinisten eingesehen werden. Curzon hatte bedeutende Bücher erstanden und möglicherweise einige von ihnen vor dem weiteren Verfall bewahrt, doch seine Sammelleidenschaft hatte insgesamt gesehen kaum eine Auswirkung auf den Reichtum der Athosbibliotheken. Sie sind heute besser organisiert denn je. Versuche zu einer Systematisierung der Archive gehen bis ins 18. Jahrhundert zurück, als ein gewisser Kyrillos in der Großen Lavra ein Verzeichnis der Urkunden anlegte. Dann kamen die reisenden Bibliophilen wie Curzon und Hunt, die der Außenwelt eine Ahnung von den Schätzen in diesen Bibliotheken vermittelten. Die systematische Veröffentlichung der Athosurkunden wurde von den Russen in die Wege geleitet. 1873 wurden in Kiew die Akten des Panteleimonos-Klosters veröffentlicht, fünfzehn Jahre später die des Vatopedi-Klosters. Griechische Wissenschaftler haben in jüngerer Zeit gewichtige Bildbände über die Schätze des Heiligen Bergs veröffentlicht; das anspruchsvollste Programm, eine 1937 in Paris begonnene Schriftenreihe unter dem Titel »Archives de l'Athos«, ist von ihrem Abschluß noch weit entfernt.

Weiteres Material von enormer historischer Bedeutung harrt noch immer seiner Entdeckung. Tausende von Fotografien aus dem späten 19. Jahrhundert liegen ungeordnet

OBEN:
Das Dionysiou-Kloster, vom Hafen aus gesehen.

In der zweiten Hälfte des 14. Jahrhunderts gegründet, wurde der Bau des Dionysiou-Klosters vom Kaiser von Trapezunt, Alexios III. Komnenos, und späteren byzantinischen Kaisern – vor allem Angehörigen der Palaiologen-Dynastie – finanziert. Nach der Eroberung Konstantinopels 1453 wurde das Kloster von den orthodoxen Herrschern Moldawiens und der Walachei finanziell unterstützt.

Das Katholikon im Dionysiou ist mit beachtlichen Fresken bemalt, wahrscheinlich von Zorzi aus der berühmten kretischen Schule, deren Mitglieder im 16. Jahrhundert zu den Klöstern auf dem Heiligen Berg und auf den Meteora abwanderten. Die Kirche wurde mit Geldern Peters, Woiwode Moldawiens, restauriert, dessen Porträt zusammen mit den Darstellungen seiner Kinder im rechten Seitenchor zu finden ist.

Alte Gebetsstühle in einer Ecke des Vorraums zur Trapeza im Dionysiou-Kloster. Der zentrale Raum einer orthodoxen Kirche ist traditionell frei von Kirchenbänken oder -stühlen, die gewöhnlich an den Wänden aufgestellt sind. Die hohen, krückenartigen Armlehnen bieten eine willkommene Stütze für die alten Mönche, die während langer Gottesdienste ihre Andacht stehend verrichten.

Die niedrigen Arkaden vor der Trapeza im Dionysiou-Kloster sind mit düsteren, bestürzenden, zuweilen aber auch erheiternden Szenen aus der Apokalypse bemalt.

Ausschnitt aus den im 16. Jahrhundert entstandenen apokalyptischen Szenen an den Arkadenwänden im Dionysiou-Kloster.

in den Zellen von Mönchen, Bibliotheken und verlassenen Abstellkammern. Es sind Bilder vom Leben der Mönche um die Jahrhundertwende, von Gebäuden, Äbten und offiziellen Anlässen; kurzum, sie enthalten wertvolle Informationen sowohl für Architekten, die beispielsweise historische Fassaden restaurieren, wie für Religionshistoriker. Daneben befindet sich in den geheiligten Mauern der Athosklöster ein Schatz an volksreligiösen Denkwürdigkeiten, z. B. Holzschnitte und Stiche von den Klöstern, von orthodoxen Heiligen und wichtigen Zeremonien, die auf dem Athos und anderswo gedruckt wurden. Sie waren preiswerte Souvenirs, ein Ersatz für die traditionellen Ikonen; sie wurden von Pilgern auf dem Heiligen Berg gekauft und zu Hause aufgehängt. Zum Glück sind einige der ursprünglichen Druckstöcke und Metallplatten wiederaufgefunden worden, während Drucke in gutem Erhaltungszustand immer seltener werden.

Allein schon die Katalogisierung des ungeheuren Reichtums der Athosklöster an Handschriften ist eine Herkulesarbeit, und doch wäre dies nur der erste Schritt zu einem dringend erforderlichen Konservierungsprogramm. Und bislang hat man noch kaum etwas unternommen, um die Bibliotheken für künftige Generationen zu schützen. Bücher und Manuskripte gehen auch weiterhin in zugigen Räumen mit Holzwänden, die zu einer Zeit gebaut wurden, als man von modernen Konservierungstechniken noch nichts wußte, ihrem Verfall entgegen. In den letzten Jahrzehnten haben mehrere Klöster, unter anderen die Große Lavra, das Iviron- und das Chilandariou-Kloster, ihre Sammlungen in neuen Räumen untergebracht und geordnet, ohne jedoch auf die Umweltverhältnisse zu achten. Immerhin ist man sich zunehmend der Notwendigkeit eines Programms zur Erhaltung der Bestände bewußt.

Auch die Klostergebäude müßten dringend instand gesetzt werden und bräuchten eine Institution, die sich langfristig ihrer Pflege annimmt. Hier sind in letzter Zeit Fortschritte erzielt worden. In mehreren Großklöstern hat man mit Geldern der Europäischen Union, der griechischen Regierung und von privaten Spendern mit den Arbeiten begonnen. In manchen, wie im Stavronikita-Kloster, ist die Restaurierung fast beendet. Im Xeropotamou-Kloster hat man die Außenmauern mit dem Sandstrahl gereinigt und neue Räumlichkeiten für Besucher geschaffen, doch die Gebäude in der Nähe des Haupteingangs liegen noch immer in Trümmern. Das russische Panteleimonos-Kloster wird zwar umfassend saniert, aber ob diese Arbeiten unseren Vorstellungen von Denkmalschutz entsprechen, darf bezweifelt werden. In anderen Klöstern benötigen einzelne Gebäude, wie etwa das Katholikon von Vatopedi, tiefgreifende Maßnahmen, um ihren ursprünglichen Zustand wiederherzustellen. Alles in allem herrscht heute jedoch auf dem Athos eine regere Bautätigkeit und ein schärferes Bewußtsein für die kulturelle Notwendigkeit solcher Arbeiten als in den vergangenen Jahrhunderten.

Heiliger Rauch: Der Athos heute

Die meisten Klöster in Griechenland haben in den letzten fünfundzwanzig Jahren einen deutlichen Rückgang ihrer Belegschaft erfahren oder ihre Tore für immer schließen müssen. Dagegen gab es in den Athosklöstern eine gewisse Wiederbelebung. Der in den letzten Jahren wachsende Zustrom an Novizen muß jedoch vor dem Hintergrund eines enormen Rückgangs seit der Jahrhundertwende bis zum Ende der sechziger Jahre gesehen werden. 1903 lebten auf dem Athos etwa 7500 Mönche; die Hälfte von ihnen waren Russen, gut ein Viertel entfiel allein auf das Panteleimonos-Kloster. Doch nach der Oktoberrevolution und der Errichtung eines atheistischen Staats kamen nur noch

GEGENÜBER:
Der Glocken- und Semantronturm im Dionysiou-Kloster existierte schon, als der größte Teil des Klosters 1535 bei einer Brandkatastrophe vernichtet wurde.

Eine grausige Szene von einem unbekannten rumänischen Künstler, in der römische Soldaten einen christlichen Märtyrer foltern, im Narthex des Katholikon des Dionysiou-Klosters. Solche Szenen begegnen uns in der byzantinischen und nachbyzantinischen Kunst immer wieder und erinnern drastisch an die Leiden der ersten Christen.

Wasserhahn aus Messing in Form eines Löwen oder einer anderen Großkatze am Eingang zum Dionysiou-Kloster.

GEGENÜBER:
Dramatisch auf einem steil abfallenden Felsen liegt das sieben Stockwerke hohe Kloster Simonos Petras, das der Geburt Christi geweiht ist und ursprünglich unter dem Namen »Neues Bethlehem« bekannt war. Es ist eine der berühmtesten Mönchsgemeinschaften auf dem Athos und hat lange Zeit Mönche aus dem Ausland angezogen. Von den etwa sechzig Mönchen, die heute dort wohnen, sind fünfzehn Nichtgriechen.

Balkonreihen im Kloster Simonos Petras. Nach der Überlieferung wurden die ersten Arbeiter auf der Baustelle für das Kloster von der schwindelerregenden Höhe der Mauern so sehr in Furcht versetzt, daß sie ihre Arbeit einstellten, obwohl der Bau erst zur Hälfte fertiggestellt war.

OBEN RECHTS:
Eine Glocke an den Holzbalkonen im Kloster Simonos Petras.

wenige Novizen aus der Sowjetunion hierher, und die Zahl der russischen Mönche ging allmählich zurück. In den sechziger Jahren lebten im Panteleimonos-Kloster noch knapp sechzig Mönche.

Doch nicht nur bei den russischen Mönchen gehen die Zahlen zurück. Auch aus Rumänien und Serbien kamen weniger Mönche, und selbst für junge Griechen verlor der Athos seine Anziehungskraft. Bei der Tausendjahrfeier des Athos 1963 lebten dort nur noch 1560 Mönche, 1971 waren es noch 1145. Die Mönchsrepublik schien vor ihrem Ende zu stehen. Wie sollte auch eine dem Mittelalter verhaftete Lebensgemeinschaft, deren Fundamente für viele tausend Mönche gebaut waren, mit kaum mehr als tausend alten Männern überleben? Nur wenige von ihnen verfügten über eine gute Bildung, und der Athos übte auf das religiöse Leben in Griechenland keinen wahrnehmbaren Einfluß mehr aus. Kurz, er war spirituell zu einer Nullgröße geworden.

Es gab jedoch einige bedeutende Persönlichkeiten, die den Geist des Heiligen Bergs während dieser Zeit des Verfalls lebendig erhielten. Noch immer brachte der Athos seine Heiligen und Asketen hervor, die in den Traditionen des orthodoxen Mönchtums geschult waren. 1988 wurde ein russischer Mönch des Panteleimonos-Klosters, Vater Silouan, im 50. Jahr seit seinem Tod zum Heiligen erklärt. Als schlichter Mönch bäuerlicher Herkunft schrieb Vater Silouan eine Reihe poetischer Meditationen, die wegen ihrer theologischen visionären Kraft ein positives Echo fanden und in mehrere Sprachen

Das Kloster Stavronikita ist gleich vielen anderen Klöstern auf dem Athos mehrmals einem Brand zum Opfer gefallen. Im Jahr 1607 wurde es bis auf die steinernen Mauern zerstört, das Archiv blieb jedoch erhalten. Das Kloster wurde neu aufgebaut und erweitert; in den Jahren 1741, 1864 und 1879 wurde es durch weitere kleinere Brände beschädigt. Vor kurzem hat man es abermals restauriert. Die Feuergefahr ist durch die Installation moderner Küchenherde und Heizungen verringert worden.

Mönche vor dem Stavronikita-Kloster, einem der besonders aktiven und weltzugewandten Klöster auf dem Athos. Unter Vater Vasileios, heute Abt im Iviron-Kloster, wurde Stavronikita 1968 wieder koinobitisch und bahnte damit den Weg für die Umwandlung weiterer idiorrhythmischer Klöster in koinobitische Gemeinschaften.

Ein Mönch ersteigt die Stufen zu dem im 19. Jahrhundert erbauten Katholikon des Esphigmenou-Klosters, das der Himmelfahrt Christi geweiht ist.

GEGENÜBER:
Das Stavronikita ist das kleinste der Athosklöster. Seinen Ruhm verdankt es einem Aquädukt und einem auffallenden Aussichtsturm, der das Kloster nach allen Seiten beherrscht.

Das Esphigmenou-Kloster, die nördlichste der Mönchsgemeinschaften auf dem Athos. Der Ursprung des Namens und seine Deutung sind umstritten. Das griechische Wort esphigmenos *bedeutet »der Eingeengte«, und so hat man unter anderem die kuriose Deutung vorgeschlagen, der Gründer des Klosters oder der Abt, der es später wiederaufbauen ließ, sei ein Mönch gewesen, dessen Habit »mit einem Seil eng geschnürt« war.*

übersetzt wurden. In der halberemitischen Siedlung Nea Skete zog der verstorbene Vater Josephos eine Gruppe von Schülern an, die sich der Übung des inneren Gebets hingaben. Und mehrere Klöster, vor allem das Dionysiou unter Vater Gabriel (1886 bis 1983), der fast fünfzig Jahre als dessen Abt amtierte, waren über längere Zeit hinweg bemüht, das mönchische Leben auf einem anspruchsvollen Niveau zu erhalten.

Trotzdem schien nichts den Niedergang der Athosklöster aufhalten zu können. Doch dann setzte ein allmählicher Zustrom neuer Mönche ein, so daß ihre Gesamtzahl von 1971 bis zum Beginn der neunziger Jahre um etwa ein Drittel auf 1500 gestiegen ist. Immerhin ein Anfang. Schwerer fällt ins Gewicht, daß sich das Altersprofil und das Bildungsniveau der Mönche verändert haben. Statt frommer Bauern, einst die Hauptstütze des Athos, fühlen sich heute gebildete junge Männer, häufig mit akademischem Abschluß, zum Mönchsleben hingezogen. Unter den Neuzugängen befinden sich ein ehemaliger Ölsucher und ein Kernphysiker, Offiziere, Sozialarbeiter, Ärzte und Zahnärzte, die den Frieden und den spirituellen Ruf des Heiligen Bergs suchen.

Der Berg Athos hat auch seine farbigen Charaktere wie den Vater Ioannikios vom Ravdouchou-Kellion, das, wie er beteuert, seit dem siebten Jahrhundert ununterbro-

Das im 14. Jahrhundert erbaute Pantokrator-Kloster wurde von zwei Adligen, dem Stratopedarchis (Armeegeneral) Alexios und dem Groß-Primikerios (Obersthofmeister) Johannes errichtet. Ihre sterblichen Überreste befinden sich in einem Mausoleum aus dem Jahr 1363 im Narthex der Hauptkirche.

Ein Kreuz aus Eisen markiert den Zugang zum kleinen Hafen des Pantokrator-Klosters.

Das Chilandariou-Kloster wurde in der Vergangenheit als »Kloster der tausend Nebel« und »Kloster der tausend Männer« bezeichnet. Nach einer Legende griffen tausend Piraten das Kloster an, konnten jedoch in dem dichten Nebel, der von den Berghängen herabwogte, Freund und Feind nicht voneinander unterscheiden, so daß sie anstelle der Mönche ihre eigenen Leute töteten.

Ein schreibender Mönch im archontariki, *dem Empfangszimmer für Pilger und Besucher im Chilandariou-Kloster.*

In dem der Darstellung der Gottesmutter geweihten Katholikon des Chilandariou-Klosters befindet sich ein Wandbild aus dem 14. Jahrhundert, das die wichtige Szene aus dem Buch Jakob enthält, in der die Eltern Marias, Joachim und Anna, in Begleitung von sieben Dienerinnen die Jungfrau in die Kirche führen.

chen bewohnt ist. Der polyglotte Mönch führte ein ereignisreiches Leben, bevor er sich auf den Athos zurückzog. Während des griechischen Bürgerkriegs nach dem Abzug der deutschen Besatzungstruppen im Zweiten Weltkrieg kam Ioannikios, mit bürgerlichem Namen Evstrakios Papakonstantinou, wegen seiner linksgerichteten Ansichten ins Gefängnis. Nach seiner Entlassung 1953 schloß er sich der Jungkommunistischen Liga an und war politisch aktiv, bis die Sowjets den ungarischen Aufstand 1956 niederschlugen. Vom Kommunismus desillusioniert, verlegte er sich darauf, Filme zu machen. Nach einer Zeit, in der er in Filmen für das bulgarische Fernsehen Regie führte, ging Ioannikios nach Afrika und anschließend nach Kopenhagen, wo er als Wissenschaftler an der Königlichen Bibliothek tätig war. Doch bald darauf verspürte er das noch größere Bedürfnis, Seelen zu retten, und trotz seiner kommunistischen Vergangenheit war er als Novize auf dem Heiligen Berg willkommen. Weitere Bewerber mit ähnlich buntbewegten Lebensgeschichten kamen aus der ganzen Welt.

Wie kommt es, daß auf dem Athos eine gegenläufige Entwicklung zu beobachten ist? Der Athos hat von seiner Einzigartigkeit auf Kosten anderer alter Gemeinschaften profitiert. Zentren wie die Meteora-Klöster sind heute im Sommer so stark von Touristen überlaufen, daß ein mönchisches Leben dort kaum noch möglich ist und die Mönche lieber auf den Athos gehen. Als Reaktion auf die zunehmende Säkularisierung des nationalen Lebens haben junge griechisch-orthodoxe Christen sich für den Athos als radikale Alternative entschieden; andere, die sich früher zu religiösen Randgruppen hingezogen fühlten, wählen jetzt das Mönchtum. Einige der führenden Persönlichkeiten des Athos unterhielten früher enge Kontakte zur »Zoe-Bruderschaft«, einer halbklösterlichen Organisation, die wegen ihrer Geheimhaltung, ihrer autoritären Struktur und ihrer Verbindungen zur Militärjunta Anfang der siebziger Jahre allgemein kritisiert wurde.

Eine wachsende, tatkräftige Bevölkerung und eine starke Führung sind offenbar lebenswichtig für die Zukunft des Athos, doch dieses Wachstum geht einher mit Spaltung und Meinungsverschiedenheiten. Zu den lautstärksten Kritikern der jüngsten Veränderungen auf dem Heiligen Berg gehört ein aufrechter griechischer Mönch, Vater Maximos, der früher der Großen Lavra angehört hat und heute in England lebt. In einem in Englisch erschienenen Buch, *Human Rights on Mount Athos*, zählt er eine ganze Liste angeblicher Verletzungen der Menschenrechte durch die Oberen des Athos auf. Ein Großteil dieser Kritik ist auch in früheren Jahrhunderten erhoben worden, doch manches hängt mit neueren Veränderungen in diesem Gemeinwesen zusammen.

Der bedeutsamste Konflikt, jahrhundertealt und jetzt wieder neu aufgebrochen, betrifft den Gegensatz zwischen idiorrhythmischen und koinobitischen Klöstern. Diesmal kamen die Angriffe gegen die Idiorrhythmie von außen wie von innen. Die gegenwärtigen Schwierigkeiten gehen auf den Militärputsch Ende der sechziger Jahre zurück, als das Regime die Mönche für politisch unzuverlässig hielt und versuchte, die jüngeren in den Militärdienst zu zwingen. 1968 machte die Polizei in dem damals idiorrhythmischen Kloster Stavronikita eine Razzia und vertrieb alle Mönche unter dem Vorwand, sie führten einen unmoralischen Lebenswandel. Am Tag darauf ernannte der Zivilgouverneur einen neuen Abt, Vater Basileios, der dem Regime annehmbar erschien, und erklärte, von nun an sei Stavronikita nach koinobitischen Grundsätzen zu führen.

Weitere idiorrhythmische Gemeinschaften bekehrten sich in den folgenden Jahren zum Koinobitentum, da man ihrer Lebensform, die sich unter anderem auf den Besitz

Das Gregoriou-Kloster, im 14. Jahrhundert errichtet, ist dem hl. Nikolaus geweiht. Sein Porträt gehört zu den wichtigsten Schätzen des Klosters.

von Privateigentum stützte, allgemein vorwarf, sie untergrabe das Fundament der traditionellen athonitischen Lebensweise. Die Koinobiten behaupteten, die idiorrhythmischen Klöster seien inzwischen weitgehend zu Altersheimen für Männer geworden. Wenn man die Geschichte des athonitischen Mönchtums betrachtet, ist es tatsächlich nicht überraschend, wenn das Koinobitentum in einer Phase relativer Blüte ein Übergewicht erhält. Ursprünglich wurde die Idiorrhythmie nur in Krisenzeiten akzeptiert, als die Äbte ein Privatvermögen der Mönche bis zu einer gewissen Höhe duldeten, um dringend benötigte Geldmittel zu erhalten. Jetzt, da die Zahl der Novizen weiter steigt, hat sich das Koinobitentum als das orthodoxe Mönchsideal wieder durchgesetzt.

Was immer die Vor- und Nachteile der beiden Systeme sein mögen, die Koinobiten haben den Sieg davongetragen, sie beherrschen fast den gesamten Heiligen Berg und hatten an der Wiederbelebung des Athos entscheidenden Anteil. An der Spitze des neuen Sendungsbewußtseins führt Patriarch Demetrios im Philotheou-Kloster, das 1973 koinobitisch wurde, das vielleicht strengste Regiment auf dem Athos. Hier werden über achtzig Mönche ausgebildet, um den orthodoxen Glauben zu verbreiten; sie werden ausgeschickt, um Klöster auf dem Athos, auf dem griechischen Festland und anderswo in der orthodoxen Welt zu reformieren. Mönche und Gäste werden hier getrennt gehalten und dürfen weder miteinander sprechen noch gemeinsam essen, und Besucher dürfen den Gottesdienst nur vom Narthex der Kirche aus verfolgen.

Vater Maximos behauptet, das wiedererstarkte Koinobitentum habe einen ausge-

OBEN RECHTS:
Eine Ecke des Hauptempfangszimmers im Gregoriou-Kloster.

OBEN LINKS:
Gebeine und Totenschädel im Regal. Im Ossarium der Skete zum hl. Andreas, einer heute fast gänzlich verlassenen russischen Gemeinschaft, werden die Schädel und Gebeine lokaler Heiliger und Mönche aufbewahrt.

FOLGENDE SEITEN:
Während des 18. Jahrhunderts suchte das in wirtschaftliche Bedrängnis geratene Philotheou-Kloster finanzielle Unterstützung beim Herrscher Moldawiens und der Walachei, Gregor Ghika. Der Fürst erklärte sich bereit, ein jährliches Stipendium zu bezahlen, unter der Bedingung, daß ihm jedes Jahr die rechte Hand von Johannes Chrysostomos geschickt würde, um damit sein Königreich zu segnen.

Das Dochiariou-Kloster wurde im ausgehenden 10. Jahrhundert von Euthymios gegründet, einem ehemaligen Rechnungsführer (docheiarios) in der Großen Lavra. Möglicherweise war er ein Schüler des hl. Athanasios, des Begründers des koinobitischen Mönchtums auf dem Athos.

Das Katholikon des Dochiariou ist den Erzengeln Michael und Gabriel geweiht. Nach einem »Führer für fromme Besucher durch das Dochiariou«, der 1843 von einem dort lebenden Mönch namens Kyrillos geschrieben wurde, war das Kloster ursprünglich dem hl. Nikolaus geweiht, wurde später jedoch zur Erinnerung an ein Wunder der Erzengel umgewidmet.

Die hohen Schornsteine verleihen dem Dochiariou-Kloster seine charakteristische Silhouette.

Kuppel und Kreuz krönen die Hauptkirche des Dochiariou.

Eine von neun Nebenkapellen im Dochiariou.

prägten Persönlichkeitskult um führende Vorgesetzte zur Folge, und daß einige meinten, der Athos habe die Verpflichtung, neben der orthodoxen Lehre auch den Hellenismus zu verbreiten. Mitte der siebziger Jahre hatten solche Anschauungen zur Gründung der Neuorthodoxen Bewegung geführt, einer Art religiösem Nationalismus, der von Vater Basileios in Iviron in seinem Buch »Der Berg Athos und die Erziehung der Nation« vertreten wurde. Außerhalb des Athos stieß die Bewegung in weiten Teilen der Bevölkerung bei sozialistischen Politikern wie bei konservativen Intellektuellen Aufmerksamkeit. Aber nicht allen Athosmönchen gefiel diese Richtung. Die traditionellen panorthodoxen Mönche, die den Athos als spirituelles Zentrum für alle orthodoxen Völker verstanden, mußten für ihren Glauben leiden. Nach Vater Maximos verdanken die neuorthodoxen Oberen auf dem Heiligen Berg ihre Macht der Ausübung von Zwang und der Vorenthaltung grundlegender Menschenrechte. Maximos wirft der

GEGENÜBER:
Daniel in der Löwengrube, ein möglicherweise von dem kretischen Maler Zorzi geschaffenes Wandbild im Dochiariou.

Ein Mönch malt in einer der zahlreichen Werkstätten auf dem Athos eine Ikone.

Drechseln der hölzernen Gefäße, die an orthodoxe Pilger als Souvenirs verkauft werden.

FOLGENDE SEITEN:
Der Berg Athos, der sich 2033 Meter hoch über die Ägäis erhebt, ist der höchste Berg der 45 Kilometer langen Halbinsel. An der Lebensform, die die Mönche hier pflegen, hat sich seit den Tagen von Byzanz wenig geändert. In der heidnischen Mythologie schleuderte Athos, ein thrakischer Riese, in einem Kampf zwischen Göttern und Giganten den Felsen auf Poseidon.

Heiligen Gemeinschaft vor, sie beschneide Mönchen die Redefreiheit, Briefe und Telefongespräche würden überwacht; Radiosendungen und Zeitungen seien »aus spirituellen Gründen« verboten, während sich die Klosteroberen aus solchen Quellen informierten.

Das tiefgreifendste Problem auf dem Athos dürfte jedoch noch immer die heikle Frage der nichtgriechischen Mönche sein. Obgleich ihre Rechte durch einen internationalen Vertrag und die griechische Verfassung garantiert werden, haben in den Jahren der Militärdiktatur 1967–1974 antikommunistische Kräfte in der Regierung die Mönche aus den Ländern des Warschauer Pakts unter Druck gesetzt, das Land zu verlassen. Mit dem Zusammenbruch des Ostblocks und der Rückkehr Griechenlands zur Demokratie hat dieser Druck nachgelassen. Doch die langfristige Politik Griechenlands besteht nach Vater Maximos darin, »die Selbstverwaltung und Autonomie des Heiligen Bergs abzuschaffen und ihn in eine griechische Präfektur umzuwandeln«.

Die Regierung dementiert solche Behauptungen und verweist auf die Tatsache, daß der halbautonome Status des Athos erneut anerkannt wurde, als Griechenland 1981 der Europäischen Gemeinschaft beitrat. Nach den Bestimmungen über den Beitritt Griechenlands akzeptiert die Europäischen Union aus spirituellen und religiösen Gründen den Sonderstatus des Athos und vor allem die Einschränkung der Niederlassungsfreiheit. Normalerweise haben alle Bürger der Europäischen Union das Recht auf Freizügigkeit und die freie Wahl des Wohnsitzes und der Arbeit in allen Mitgliedsstaaten, doch der Athos ist von dieser Bestimmung ausgeschlossen. Vorläufig bleiben die alten Traditionen des Athos unangetastet. Blieben sie es nicht, dann würde der Athos praktisch über Nacht seiner Einzigartigkeit beraubt.

Maximos mag mit seiner Kritik übers Ziel hinausgeschossen sein, aber sie macht das zwiespältige Verhältnis des Athos zum griechischen Staat deutlich. Mißverständnisse zwischen den Athos-Oberen und Regierungsbehörden spiegeln sich im gegenseitigen Mißtrauen der Klöster untereinander. Während zukunftsorientierte Klöster wie Stavronikita, Philotheou und Simonos Petras unter der Leitung hochgebildeter Äbte häufig Hilfsangebote von außen begrüßen, um ihre Gebäude zu restaurieren und ihre Bibliotheken zu erhalten, widersetzen sich die traditionelleren Gemeinschaften hartnäckig jeder Änderung. Ihnen ist ihre spirituelle Berufung wichtiger als die Probleme einer Instandsetzung und Konservierung ihrer Bauten und Bücher; in ihren Augen liegt die Unvermeidlichkeit des Alterns in Gottes Hand. Sie haben seit jeher über ihren klösterlichen Besitz selbst verfügt, und jede Einmischung in ihr Leben ist offensichtlich unerwünscht.

Während der Athos sich regeneriert, so dringen die materialistischen Denk- und Lebensweisen der Außenwelt doch auch dort ein. Als die griechische Regierung nach dem Zweiten Weltkrieg den Grundbesitz der Athosklöster außerhalb der Halbinsel verstaatlichte, waren die Klöster gezwungen, die Schätze des Bergs auszubeuten, um zu überleben. Die Wälder wurden an einen Hersteller von Toilettenpapier verpachtet, und schon nach kurzer Zeit war die Halbinsel mit einem Netz von Forstwegen durchzogen. Die Wege leisteten bald auch den Mönchen gute Dienste. Um die Mitte der achtziger Jahre wurde eine tägliche Buslinie zwischen Karyes, dem Hafen in Daphni und dem Iviron-Kloster an der Ostküste eingerichtet. Und heute sieht man die Mönche eher am Steuer eines Geländewagens als auf dem Rücken eines Maultiers.

Die Öffnung des Athos für den Tourismus stößt jedoch auf starken Widerstand bei den Mönchen, und viele murren wegen der Belästigung durch die täglichen Pilgerkontingente. »Wenn die Behörden in Karyes auch weiterhin den Zugang zunehmend liberalisieren, werden wir vielleicht etwas Radikales unternehmen müssen«, sagte ein Mönch in Iviron. Er äußerte sich nicht näher darüber, was er im Sinn hatte, aber ich sah bereits Mönche auf einem Protestmarsch in der Innenstadt von Athen vor mir, so wie ihre Vorfahren einst in Konstantinopel gegen die Politik der Ikonoklasten demonstriert hatten.

Klöster in den Lüften

Als wir nach oben blickten, konnten wir nur das Ende des Seils sehen, mit dessen Hilfe wir in die Höhe gelangen sollten; es hing von einem Holzbalken herab, und ein großer Eisenhaken war daran befestigt. Doch bald wurde dieser mit einem starken und geräumigen Netz herabgelassen ... Ich setzte mich sogleich in seine Mitte, die Füße unter mir im Türkensitz überkreuzt, doch die Mönche riefen, es sollten sich jeweils zwei hineinsetzen ... ein Ruf von unten, ein Ziehen von oben, und plötzlich schwebten wir in der Luft ... wie ein Bratenstück an einem Bratenwender.

Reverend Henry Fanshawe Tozer,
im Varlaam-Kloster, 1853

Der Berg Athos war als führendes Zentrum der orthodoxen Mönchsbewegung bereits lange anerkannt, als die ersten Gruppen von Mönchen und Eremiten, zum Teil vom Athos selbst, in der malerisch zerklüfteten Landschaft der Meteora im nordgriechischen Thessalien eintrafen. Hier gründeten sie ein ähnliches, allerdings kleineres Zentrum wie der Heilige Berg, das sich aus einer lockeren Ansammlung von Sketen und Kellien zu vierundzwanzig bedeutenden Klöstern während seiner höchsten Blüte im 16. Jahrhundert entwickelte. Dank ihrer außergewöhnlichen, »außerweltlichen« Lage auf hochaufragenden Felstürmen sind die Klöster eine der merkwürdigsten Gruppen von Bauwerken auf der ganzen Erde.

Nach der Überlieferung war der erste Asket der Meteora wahrscheinlich ein Eremit namens Barnabas, der 985 die kleine Skete zum Heiligen Geist in den steilen Wänden oberhalb von Kastraki gründete. Andere folgten im 11. Jahrhundert in seinen Fußstapfen und gründeten 1162 (nach einigen Quellen später) die Panagia von Doupiani, einen Ableger des Bistums Stagoi (Stagi). Doupiani ist einer der kleineren Felsen der Meteora, doch aufgrund seiner isolierten Lage am westlichen Zugang zu der Felsgruppe war er ein zweckmäßiger Ort für die ersten Mönche des Tals. Seine fast senkrecht abfallende Wand ist von Höhlen und Spalten durchzogen wie ein riesiger Schweizer Käse, und so bedeutet auch der aus dem Serbischen oder Bulgarischen stammende Name soviel wie »Hohlraum« oder »hohl«. Und in diesen Höhlen riefen Anachoreten die erste locker organisierte Mönchsgemeinschaft in dieser Gegend ins Leben.

Die Mönche nannten ihre Gemeinschaft »Thebais von Stagi«. In vieler Hinsicht hatte sie Ähnlichkeit mit den halberemitischen Gemeinschaften, wie sie vor der Gründung

GEGENÜBER:
Der Kranturm des Großen Meteoron. Bevor in den zwanziger Jahren unseres Jahrhunderts Stufen in den Felsen gehauen wurden, gelangte man in das Kloster nur in einem Korb oder einem Netz, das an einem über eine Rolle laufenden Seil hing, oder über zerbrechliche Leitern, die an den Felswänden aufgehängt waren.

der Großen Lavra auf dem Athos bestanden. Am Doupiani bewahrten die in Höhlen und auf schmalen Felsvorsprüngen lebenden Mönche ihre Unabhängigkeit. Einmal in der Woche kletterten sie die Felswand hinunter, um sich zur Sonntagsmesse in einer kleinen Kirche, dem sogenannten Protaton, zusammenzufinden. Beaufsichtigt wurde ihr Leben von einem Protos statt eines Abts, der letztlich dem Bistum Stagi verantwortlich war, das im 14. Jahrhundert von den Eremiten einen jährlichen Tribut in Form von Bienenwachs erhielt. Für den Bischof waren die Mönche eine fügsame Schar von Asketen, die dazu beitrugen, seiner kleinen Diözese einen gewissen Ruf zu erwerben. Doch als die Zahl der Mönche bald anwuchs und die Sketen durch Klöster verdrängt wurden, sah der Bischof seine Bedeutung schwinden, denn für die Äbte der Meteora-Klöster erwies es sich als nützlicher, Verbindungen zum Erzbischof von Larissa und zum Patriarchen in Konstantinopel zu pflegen.

Der selige Vater Athanasios

Der erste berühmte Vater der Meteora war Athanasios (nicht zu verwechseln mit Athanasios vom Athos), der Gründer des Großen Meteoron (Megalon Meteoron), des größten und höchstgelegenen Klosters. Einzelheiten seines Lebens sind in mehreren Dokumenten enthalten, hauptsächlich eine Hagiographie, das »Leben unseres seligen Vaters Athanasios, der auf dem von ihm Meteoron genannten Felsen in Stagi ein asketisches Dasein geführt hat«, verfaßt von einem anonymen Meteora-Mönch. Es gibt zwei Versionen der Geschichte: die ursprüngliche, die bald nach Athanasios' Tod in der griechischen Hochsprache geschrieben wurde, und eine volkstümliche Fassung in der griechischen Umgangssprache aus der Zeit um 1700. Trotz ihrer unterschiedlichen Schwerpunkte stimmen sie in den wesentlichen Aspekten der Biographie des Heiligen überein.

Athanasios, 1305 in Neopatras geboren und auf den Namen Andronikos getauft, stammte aus einer vornehmen und begüterten Familie. Seine Eltern starben bald nach seiner Geburt, so daß er von seinem Onkel väterlicherseits, der später in ein Kloster ging, erzogen wurde. Als junger Mann erwies sich Athanasios als äußerst lernbegierig; er studierte griechische Philologie in Thessalonike, doch nach kurzer Zeit fühlte er sich zum Mönchsleben berufen. Er war jedoch noch zu jung, um als Novize aufgenommen zu werden, deshalb verließ er Makedonien und begab sich nach Konstantinopel, um dort seinen religiösen Studien nachzugehen. In der byzantinischen Hauptstadt lernte er die Männer kennen, die sein Leben ändern sollten; zu ihnen gehörten Isidoros Boucheiras, der spätere Nachfolger des Patriarchen Johannes Kalekas, und Gregorios vom Sinai, einer der Wortführer des Hesychasmus. Athanasios folgte Gregorios zum Athos, in der Hoffnung, einen erfahrenen Mönch gefunden zu haben, der ihn als Lehrling und Faktotum gebrauchen könnte.

Die ständigen Piratenüberfälle machten den Athos im 14. Jahrhundert zu einer wenig einladenden Gegend, und Gregorios machte sich mit seinen extremen Forderungen bei den Mönchen unbeliebt. Deshalb wählte er Thessalonike zu seinem Aufenthalt, bevor er um 1325 nach Bulgarien reiste. Athanasios blieb zurück und zog in einen der abgelegensten Teile der Halbinsel, wo zwei Mönche, Moses und ein anderer Gregorios, angeblich den Gipfel spiritueller Vollkommenheit erreicht hatten. Die beiden erklärten sich bereit, als Gegenleistung für häusliche Dienste Athanasios spirituell zu unterweisen. Er besorgte Nahrungsmittel und Feuerholz und setzte ihre baufälligen Hütten instand. Es war ein hartes Leben, doch Athanasios nahm es bereitwillig auf sich als notwendige

Prüfung. Als er schließlich das 30. Lebensjahr erreicht hatte, wurde er von Vater Gregorios als Novize angenommen.

Selbst in ihrem entlegenen Versteck waren die drei Asketen nicht vor den Überfällen der Piraten sicher. Eines Tages wurde Moses von einem muslimischen Briganten überrascht und gefangengenommen, der nun seinerseits über Moses' Wunderkräfte ins Staunen geriet. Offenbar bekehrte dieser seinen Häscher zum Christentum, doch sicherheitshalber suchte er seine Zuflucht hinter den schützenden Mauern des Iviron-Klosters. Gregorios und Athanasios blieben zwar unbelästigt, fühlten sich jedoch in ihrem Frieden gestört und verließen nach weiteren Überfällen den Athos entmutigt, um eine neue spirituelle Heimat zu suchen. Nachdem sie in Makedonien umhergewandert waren, hörten sie von einer abgelegenen Bergregion in Thessalien, wo Gott angeblich bei der Erschaffung der Erde riesige Felsen senkrecht in die Landschaft gestellt hatte. Es hörte sich nach genau dem richtigen Ort an, wo sie ihren asketischen Lebensstil fortsetzen konnten. Niemand lebte in dieser wilden, steinigen Einöde, und Vögel waren die einzigen Geschöpfe, die zu den höheren Gipfeln und Höhlen vordrangen. Der Biograph des Athanasios behauptet, sein Held habe als erster eine Mönchsgemeinschaft in den Meteora gegründet, und übergeht dabei die Tatsache, daß die als Thebais von Stagi bekannte Skete dort bereits bestanden hatte.

Athanasios und Gregorios ließen sich in einer nahe gelegenen Höhle in einem Felsen nieder, dem sie den Namen *stylos,* »Pfeiler«, gaben. Der Ruf vor allem des Gregorios, der nunmehr den Beinamen »der Stylit« trug, verbreitete sich in allen Landen, und Scharen von Laien und religiösen Männern machten sich auf der Suche nach spiritueller Erleuchtung und seinem Segen auf den Weg zu dieser heiligen Höhle. Diese hoffnungsfrohen Schüler störten seinen Frieden. So erkletterte er einen bislang unbestiegenen

Die »Säule von Doupiani«, wo die ersten Anachoreten der Meteora in den Höhlen des Felsens lebten. Im Vordergrund steht die Kapelle der Gottesmutter an der Stelle der ersten Kirche, dem im 12. Jahrhundert errichteten Protaton, in dem die Mönche jeden Sonntag zur Feier des Gottesdienstes zusammenkamen.

Gipfel und errichtete auf diesem ein Hesychasterion – eine kleine Holzhütte, wo er seinen Meditationen ungestört nachgehen konnte.

Der Rückzug auf die Spitze eines steilen Felsens brachte Athanasios seiner angestrebten absoluten Ruhe, der Hesychia, ein ganzes Stück näher. Doch hoch über seiner Hütte ragte der höchste Gipfel von allen auf, der ehrfurchtgebietende *platylithos* oder Breiter Fels, dessen graue glatte Wände fast senkrecht in die Tiefe abfielen. Zweifellos konnte ein Hesychast in solch schwindelnder Höhe zu noch größerer spiritueller Vollkommenheit gelangen. Wie die Legende wissen will, erreichte Athanasios den Gipfel auf dem Rücken eines Adlers. Sein Biograph ist da prosaischer. Athanasios und seine Gefährten erreichten unterhalb des Gipfels eine Höhle: Sie wurde ihr erster Aufenthaltsort. In der Nähe, in einer Felsspalte über der Höhle, wollte Athanasios eine kleine Kapelle bauen, die der Panagia Meteoritissa geweiht sein sollte (und in der heute seine Reliquien ruhen), so daß er den Felsen nicht jede Woche zum Besuch der heiligen Messe verlassen mußte. Doch Athanasios war Laie. So wies er einen seiner Mönche an, den nächsten Bischof aufzusuchen, der baldmöglichst eine Ordinierung vornehmen sollte.

Während Athanasios die Muttergottes-Kapelle errichtete, begannen sich die Härten eines Asketenlebens bei dem bereits gebrechlichen Gregorios bemerkbar zu machen. Um 1350 verließ er den Berg in Begleitung seines Schülers, um seine Zuflucht in Thessalonike zu nehmen. Nachdem er sich von seinem spirituellen Vater verabschiedet hatte, kehrte der jüngere Mönch zu den Meteora zurück, während Gregorios seine Reise nach Konstantinopel fortsetzte, wo er bald darauf starb. Bei seiner Rückkehr erfuhr Athanasios, daß der alte Mönch, der Gregorios auf seinem Säulenfelsen nachgefolgt war, inzwischen ebenfalls das Zeitliche gesegnet hatte. Der verstorbene Asket hatte für seinen

In der Küche des Großen Meteoron hat sich seit Jahrhunderten nichts verändert.

sterblichen Leib so viel Verachtung gezeigt, daß er darum gebeten hatte, seinen Leichnam auf einem Felsvorsprung den Geiern zum Fraß zu geben. Diese unchristliche Bestattung bekümmerte Athanasios, und nachdem er einen Geier beobachtet hatte, der mit einem Finger des Toten im Schnabel davonflog, nahm er sich der sterblichen Überreste des alten Mönchs an und bestattete sie in der Erde.

Athanasios hegte nie die Absicht, auf den Meteora ein Kloster zu gründen, da er das einsamere Leben in einer lockeren Gruppe von Anachoreten oder einer Skete vorzog. Doch nachdem Gregorios fortgegangen und sein Nachfolger gestorben war, kehrte Athanasios auf den Breiten Felsen zurück, wo er die Aufmerksamkeit anderer Mönche auf sich zog. Schließlich erlaubte er vierzehn von ihnen, sich ihm und seinen aufs Jenseits gerichteten Übungen anzuschließen. Weitere Mönche bedeuteten eine weitere Bautätigkeit, und bald war der Gipfel des Platylithos bedeckt mit Mönchsklausen, einer Küche und einer neuen, der Metamorphosis (Verklärung Christi) geweihten Kirche. Sie war ein dauerhafteres Gebäude als die provisorische Kapelle knapp unterhalb des Gipfels, und Athanasios mußte für ihren Bau Geld von außerhalb auftreiben. Er wandte sich an die Serben, die 1345 unter ihrem späteren Kaiser Stefan Duschan den größten Teil Thessaliens beherrschten. Wer das Projekt genau unterstützte, ist unklar; wahrscheinlich war es Duschans General Presloumbos, seit kurzem der Vizekönig von Trikala.

Die Mönchszuflucht wurde in der Folgezeit als Großes Meteoron-Kloster bekannt. Die Gemeinschaft beschränkte sich auf die ursprünglichen vierzehn Mönche, und alles, was sie für ihren Lebensunterhalt benötigten, wurde geteilt. Das Tal zu Füßen des Breiten Felsens war ziemlich fruchtbar, und die Mönche bauten dort Wein, Getreide und Kartoffeln an. Die Früchte ihrer Arbeit wurden in großen Netzen oder Körben in die Höhe gezogen. Ansonsten durfte nichts aus der Außenwelt ins Kloster gelangen, keine weltlichen Bücher und auf gar keinen Fall Frauen, die in den Augen Athanasios' den frommen Männern nur Sünde brächten. Für seine Anhänger lag Athanasios' Tugend in seiner völligen Entsagung gegenüber der Welt. Keiner der ihm bekannten Hesychasten auf dem Athos, so sein Biograph, habe eine solche spirituelle Vollkommenheit erlangt. Er hatte das erste Kloster in den Lüften gegründet, und dort starb er am 20. April 1383 mit achtundsiebzig Jahren nach 40tägiger Krankheit.

Der Mönch-König

Der Nachfolger Athanasios' als Vater des Meteoron war ein serbischer König, Johannes Urosch Dukas Palaiologos, der der Welt den Rücken kehrte, um sich der Mönchsgemeinschaft auf dem Breiten Felsen anzuschließen. Besser bekannt als Vater Joasaph, hatte er das Mönchsgelübde lange vor seiner Thronbesteigung im Jahr 1381 abgelegt. Der Aufbau eines irdischen Reichs war nicht seine Sache, und während seines Mönchslebens übergab er Caesar Alexis Angelos die Führung seines thessalischen Königtums. Zwar legte der König selbst keinen Wert mehr auf irdische Güter, doch sein Reichtum stellte das Große Meteoron-Kloster auf eine solide finanzielle Grundlage. Das Kloster verdankte in der Tat seine Vorrangstellung ebensosehr Joasaph wie Athanasios.

Ein anderer Mönch, Agathon, war zunächst als Nachfolger Athanasios' bestimmt worden, doch als dieser vorzeitig starb, bot Athanasios das Amt mit einhelliger Zustimmung seiner Mitbrüder dem Joasaph an. Der Mönch-König blieb allerdings nur noch kurze Zeit bei Athanasios auf dem Platylithos, bevor er das Felsenkloster wieder verließ, um sich nach Thessalonike zu begeben. Inzwischen war Athanasios gestorben, und die

FOLGENDE SEITEN:
Das Große Meteoron, 1356 gegründet (links), und das Varlaam-Kloster, das an der Stelle einer Einsiedelei aus dem 14. Jahrhundert von dem Mönch Barlaam errichtet wurde.

Der aus dem 16. Jahrhundert stammende Kranturm im Varlaam-Kloster ragt über einer engen Schlucht auf. Murray's Handbuch von 1872 gab dem Reisenden den Rat, »sich dem Netz als der sichersten und seltsamsten Methode anzuvertrauen, zum Kloster hinaufzugelangen. Hierbei geben Sie sich gottesfürchtig in die Hand der heiligen Väter, während Sie sich bei der Benutzung der Leitern auf Ihren eigenen Mut und Ihren schwindelfreien Kopf verlassen müssen.«

Mönche auf dem Breiten Felsen blieben fast zwei Jahre lang ohne Oberhaupt. Nachdem sie einen harten Winter hatten überstehen müssen, machte sich unter ihnen Verzweiflung breit, und sie beschlossen, ihren Felsen wieder zu verlassen. Da erhob sich plötzlich, wie um die Heiligkeit des Athanasios zu beweisen, aus dessen Grab ein süßer Duft und gab den Mönchen frischen Mut, da er den bevorstehenden Frühling zu verkünden schien und als Zeichen verstanden wurde, daß Joasaph wiederkommen würde.

Tatsächlich kehrte Joasaph 1384 auf den Breiten Felsen zurück, und das Gemeinwesen erblühte aufs neue. Die Schwester Joasaphs, Maria Angelina, schenkte der Kirche liturgische Schätze, darunter ein herrliches Kreuz, das früher einem Despoten von Epi-

GEGENÜBER:
Kopie einer tragbaren Ikone der Muttergottes mit dem Kind aus dem 16. Jahrhundert im Großen Meteoron.

Ein riesiges Faß versorgte die Mönche reichlich mit dem hier angebauten Wein.

ros gehört hatte. Joasaph selbst gab das Geld für den Umbau und die Erweiterung der Klosterkirche; die Ostseite des Katholikon, die Apsis und der Altarraum datieren aus jener Zeit. Und der Mönch-König ergriff auch die Initiative in den weltlicheren Angelegenheiten der Gemeinschaft, indem er mit dem Bischof über das Eigentum an Grund und Boden verhandelte und Gebäude von anderen Gemeinschaften pachtete.

Joasaphs Tätigkeit in den Meteora wurde jedoch kurzfristig unterbrochen, nachdem die Türken 1386 in Thessalien eingedrungen waren. Das Schlimmste befürchtend, floh er mit drei anderen Mönchen zum Berg Athos, wo er mit dem Gedanken spielte, sich in ein Kellion in der Nähe des Vatopedi-Klosters zurückzuziehen. Doch sein Herz war in Thessalien geblieben, und da die Türken wenig Interesse an den Styliten von Stagi bekundet hatten, kehrte er nach kurzer Zeit als Vater des Meteoron dorthin zurück. Bald wurde das Kloster Joasaphs als das Große Meteoron berühmt, das führende Kloster der Meteora, und es erwarb weitere Ländereien, Schafherden und Vieh dazu und gründete eigene Ableger. Die wachsende Bedeutung des Meteoron und der Ruf seines charismatischen Leiters erregten bald auch anderswo Aufmerksamkeit.

Im Jahr 1401 gelangte der Erzbischof von Larissa – kletternd oder in einem Netz – auf die Spitze des Breiten Felsens, wo er auf Joasaphs »Männer der Helligkeit, deren Gesichter Gott zugewandt sind, vollendet in Worten und Werken und Weisheit« ein

Loblied anstimmte. Es gelang Joasaph sogar, den Patriarchen von Konstantinopel als Förderer zu gewinnen, den der Gedanke eines Königs als Abt ebenfalls zu beeindrucken schien. Patriarch Euthymios, der sein Amt von 1410 bis 1416 innehatte, gewährte dem Großen Meteoron einen Freibrief, der es von den lokalen Bischöfen unabhängig machte, und würdigte damit dessen Bedeutung als Beschützer der Seele von Byzanz.

Nach der Überlieferung starb Joasaph am selben Tag und im selben Monat wie Athanasios irgendwann nach 1422, und das Fest der Stifter wird noch heute jedes Jahr am 20. April gefeiert. Die schriftlichen Quellen enthalten hierzu keine Angaben. Aber ob Legende oder Wahrheit, die Erzählung vom selben Todestag bekräftigt noch einmal die Bedeutung der gemeinsamen Leistungen in den Augen der Gläubigen. Der hohe Rang Joasaphs wird außerdem in drei Fresken an den Wänden der Klosterkirche verdeutlicht. In der frühesten Malerei, die 1483 zum hundertsten Todestag Athanasios' ausgeführt wurde, ist Joasaph in Gebetshaltung dargestellt. In den Händen hält er eine Schriftrolle mit der Botschaft: »Sei bestrebt, alle Menschen zu lieben, so gut du kannst; ist dir das noch nicht möglich, so trage wenigstens keinen Haß gegen einen anderen in dir.« Ein weiteres Bild zeigt ihn als den Gründer des Meteoron, der ein Modell der Kirche in der rechten Hand hält. Das dritte, an der Wand des Altarraums, das vermutlich bei der Erweiterung der Kirche 1555 gemalt wurde, zeigt Joasaph und Athanasios als gemeinsame Gründer des Klosters. Zwischen sich halten sie ein weiteres Modell der Kirche, und um sie herum sitzen Säulenheilige, als wollten sie die tiefgreifenden Veränderungen hervorheben, die sich mit den Klöstern auf den Meteora vollzogen haben.

Verfall und Unordnung

Nach dem Tod Joasaphs hat das Meteoron-Kloster anscheinend eine Zeit der Unordnung und des Verfalls erlebt. Es erstand kein würdiger Nachfolger, und das Leben der Mönche wurde bald durch ihre eigenen Intrigen und Zwistigkeiten durcheinandergebracht. Die Ereignisse werden in einer »Historischen Abhandlung« in einer Form geschildert, die sich zwischen Farce und Tragikomödie bewegt. Einige Jahre nach dem Tod Joasaphs unterstand das Kloster einem betrügerischen Mönch namens Galaktaion, dem ersten in einer langen Reihe weiterer Scharlatane, die sich die Abtswürde mit Schmiergeldern an türkische Beamte erschlichen. Doch Galaktaios blieb nicht lange. Der Erzbischof von Thessalonike und Larissa exkommunizierte ihn und schickte ihn ins Exil in die Nähe von Arta. Hier verstarb er, und sein Leichnam erlitt dasselbe Schicksal wie die sterblichen Überreste von Ketzern und Apostaten. Jahrelang lag er unbestattet, zur furchtbaren Mahnung an das Geschick, das korrupten Menschen drohte.

Andere Mönchsgemeinschaften auf den Meteora-Felsen fielen im Verlauf des 15. Jahrhunderts ebenfalls schlechten Menschen in die Hände. Michael Mouchtouris, ein griechisch-türkischer Grundbesitzer, nahm das Kellion zur Darstellung Mariens in Besitz und strich fast vierzig Jahre lang dessen Erträge ein, achtete jedoch zugleich darauf, sich mit den Mönchen des Großen Meteoron gut zu stellen, indem er ihnen immer wieder neues Küchengeschirr schenkte. Umherziehende Walachen nahmen die herrenlosen Klöster zur hl. Dreifaltigkeit und das Kallistratos in Besitz. Und das Pantokrator-Kloster wurde für kurze Zeit von einem schielenden und buckligen Mönch namens Theodoros bewohnt, der dort mit zwei als Mönche verkleideten Frauen lebte.

Nach der »Historischen Abhandlung« degenerierte das Meteora-Tal so sehr, daß es regelmäßig zu gewalttätigen Auseinandersetzungen zwischen den Mönchen kam. Als

Die Kirche zu Allen Heiligen, zu der auch die im 14. Jahrhundert errichtete Kapelle zu den Drei Hierarchen gehört, wurde 1544 fertiggestellt. Sie enthält zwei bemerkenswerte Freskenzyklen. Im Narthex sind die Wände bedeckt mit den 1566 gemalten Porträts verschiedener Asketen. Die etwas älteren Malereien im Hauptschiff aus dem Jahr 1548 sind das Werk von Frango Castellano von Theben und verraten in der Farbgebung und den wirklichkeitsgetreuen Posen deutlich westliche Einflüsse.

RECHTS:
Der hl. Johannes Damaskenos, einer der größten Dichter der Ostkirche, der letzte der griechischen Väter und der erste in einer langen Ahnenreihe christlicher Aristoteliker.

RECHTS AUSSEN:
Der hier abgebildete hl. Kosmas und der hl. Damian, in Arabien geborene Zwillingsbrüder, wurden im Osten allgemein verehrt, weil sie als Ärzte unentgeltlich Kranke heilten.

die Mönche des Pantokrator mit dem Bau einer neuen Wassermühle beginnen wollten, fiel eine Rotte wütender, mit Knüppeln und Messern bewaffneter Mönche des Großen Meteoron über sie her. Die Mönche des Pantokrator-Klosters wurden unter der Beschuldigung, sich an fremdem Eigentum vergriffen zu haben, vor Gericht gezerrt und anschließend ihrer Äcker, Weinberge und ihrer Wasserversorgung beraubt. Nur die seltsame Ménage à trois, der schielende Theodoros und seine Freundinnen, blieb übrig.

Die in der »Historischen Abhandlung« gegebene Schilderung mag übertrieben sein, doch die Habgier und der Stolz des größten Klosters trugen zweifellos zu einer allgemeinen Stimmung des Niedergangs in den Felsenklöstern bei. In dem halben Jahrhundert vor der Abfassung der Abhandlung übte das Große Meteoron eine zunehmend tyrannische Herrschaft über die Nachbarklöster aus. In Verbindung mit mittelmäßigen oder gar unfähigen Äbten färbte diese Haltung auf die Einstellung der gesamten Gemeinschaft ab. Doch während des 16. Jahrhunderts nahmen die Dinge unter der Führung zweier neuer Äbte, Anthimos und Bessarion, endlich wieder einen positiven Verlauf.

Bessarion und danach

Es waren in der Hauptsache Bessarion und in geringerem Maße Anthimos, die eine Wiedergeburt des Mönchslebens auf den Meteora bewirkten. Von Anthimos ist wenig bekannt, außer daß er daran beteiligt war, einige der verlassenen Klöster wiederherzustellen, vor allem das Dreifaltigkeitskloster (Hagia Triada), das von walachischen Hirten in Besitz genommen worden war. Wie vorherzusehen, stießen seine Bemühungen auf den Widerstand der Mönche des Großen Meteoron, die in ihm einen Eindringling sahen und alles daransetzten, möglichst viele seiner Anhänger exkommunizieren zu lassen. Dennoch hatte Anthimos die Dinge ins Rollen gebracht. Das Klima änderte sich zum Besseren, die Mönche des Meteoron wurden duldsamer, und die Reformen der Nachfolger Anthimos', vor allem Bessarions, erwiesen sich als dauerhaft.

Zwischen 1520 und 1540 entfaltete sich mit Bessarion als Leiter eine der tatkräftigsten Epochen in der Geschichte der Meteora. Eine Untersuchungskommission bestä-

GEGENÜBER:
Der hl. Johannes der Täufer, dessen Leben im Narthex der Kirche zu Allen Heiligen abgebildet ist.

tigte bald nach 1520 den koinobitischen Status der Gemeinschaft, wobei das Große Meteoron und das Kloster zur Verklärung Christi an vorderster Stelle standen. Das Mönchsleben auf den Meteora erfuhr eine zunehmend straffere Organisation, und die in den Tagen der Anarchie zerstörten Verbindungen zu den Patriarchen von Konstantinopel wurden wiederhergestellt. Wie auf dem Athos setzte sich das koinobitische System bei einer Reihe von Großklöstern durch, denen alle Mönche, auch die Eremiten, offiziell angehörten. Unter Bessarion wurden Varlaam und Roussanou gegründet, und das Wachstum dauerte auch unter seinem Nachfolger an, seinem Neffen Neophytos, der von 1541 bis 1565 als Erzbischof von Larissa amtierte.

Die Renaissance in den Meteora beruhte jedoch nicht allein auf tatkräftigen und fähigen Führern, auch äußere, politische Faktoren hatten daran ihren Anteil. Unter der Regierung des freizügigen osmanischen Sultans Süleiman des Prächtigen wurden Verbote hinsichtlich Neubau und Erhaltung christlicher Kirchen gelockert. Die Mönche machten sich die Atempause sogleich zunutze und begannen 1544 mit der Erweiterung der Verklärungskirche nach dem Vorbild der Klosterkirchen auf dem Athos. Auch die Fresken folgen einem gängigen Muster mit der Anordnung der Bildfelder, die vom bärtigen Pantokrator in der Zentralkuppel aus – umgeben von Engeln, Aposteln und Propheten – nach unten verlaufen. Wie üblich ist die Muttergottes in der runden Nische der Apsis dargestellt, während unter ihr Kirchenväter an der Liturgie teilnehmen. Die ersten Szenen, die dem Kirchenbesucher ins Auge fallen, sind jedoch die Horrorbilder im Kirchenvorraum, die verstörenden Darstellungen des Jüngsten Gerichts, auf denen Folterungen und die Tötung der Märtyrer zu sehen sind.

Nachdem die Arbeiten an der Hauptkirche und ihren Fresken beendet waren, wurde der Bau einer neuen Trapeza – heute ein Museum – in Angriff genommen und 1557 unter Abt Symeon beendet. Hier waren die Mönche wegen der Verhältnisse am Bauort gezwungen, sich vom athonitischen Vorbild zu lösen. Auf dem Heiligen Berg liegt die Trapeza in der Regel westlich vom Narthex des Katholikon. Doch auf dem Meteoron-Felsen war hierfür kein Platz, so daß die Mönche ihre Trapeza im Norden errichteten, von der Kirche durch einen kleinen Innenhof getrennt. Für die bescheidene Kost der Mönche ist es eine ziemlich großartige Säulenhalle von zwanzig Meter Länge, die eher zu einem mittelalterlichen Herrenhaus gepaßt hätte als zu einer Mönchszuflucht. Der Abt saß am Ostende und präsidierte den Mahlzeiten, während ein Mönch aus dem Evangelium, dem Leben des hl. Athanasios oder anderen religiösen Texten vorlas, wie es bis heute in den Klöstern des Athos Gewohnheit ist.

In der Nähe der Trapeza befindet sich die Küche, seit Jahrhunderten unverändert mit ihren Steinfliesen, wackligen Regalen, einem offenen Herd und verkrusteten Schichten aus Schmutz und Ruß auf den Kupferkesseln. Das Wasser wurde aus vier riesigen Zisternen geschöpft, die tief in den Felsen gehauen waren. Die Kammern füllten sich im Winter so reichlich, daß sie nur in extrem heißen Sommern austrockneten. Doch nicht nur mit Wasser waren die Mönche gut versorgt, in ihren geräumigen Kellern lagerten sie auch selbst angebauten Wein in großen Holzfässern.

Die Gebäude des Meteoron waren zum Ende des 16. Jahrhunderts weitgehend fertiggestellt, und es fehlten nur noch kleinere An- und Umbauten. Westlich der Kirche wurde eine Behausung für den Abt eingerichtet, und die Südseite des Katholikon erhielt eine kleine, dem hl. Johannes dem Täufer geweihte Kapelle als Anbau. 1789 kam eine weitere, in byzantinischem Stil errichtete Kapelle zu Ehren des hl. Konstantin und seiner Mutter, der hl. Helene, dazu. Doch insgesamt stagnierte das Leben auf dem Breiten Felsen, und obwohl spätere Patriarchen von Konstantinopel den Sonderstatus des Meteoron erneut bestätigten, sah sich im 19. Jahrhundert der Patriarch Konstantin II. veranlaßt, den Abt daran zu erinnern, seines Namens in der Liturgie zu gedenken.

Der Mönch Barlaam, Gründer einer Einsiedelei an der Stelle des heutigen Varlaam-Klosters, bringt auf diesem Fresko, gemalt im 16. Jahrhundert von dem kretischen Künstler Frango Castellano, Gott eine Kirche dar.

SEITEN 188–191:
Auf dem Gipfel einer schlanken Felszinne in der monumentalen Landschaft der Meteora in Thessalien thronend, wurde das kleine Roussanou-Kloster im 16. Jahrhundert von den Mönchen Joasaph und Maximos an der Stelle einer früheren Gründung errichtet.

Das Varlaam-Kloster wurde 1518 von zwei reichen Brüdern, Nektarios und Theophanis Aparas aus Ioannina, an der Stelle einer Einsiedelei aus dem 14. Jahrhundert errichtet.

Hilfe von weit her

Von den übrigen heute erhaltenen Klöstern auf den Meteora geht nur ein einziges, das Stephanos-Kloster, noch auf das 14. Jahrhundert zurück. Es gab ursprünglich weitere: das Hypselotera (1390 errichtet) und das 1367 gegründete Hypapanti, doch von ihnen hat sich praktisch nichts erhalten. Ebenso wie das Große Meteoron hatte das Stephanos-Kloster hervorragende Beziehungen zum königlichen Hof. Sein Gründer war Antonios Kantakuzenos, ein Verwandter des Mönch-Königs Joasaph und Enkel des Kaisers Johannes VI., der sich für die Sache der Hesychasten eingesetzt hatte. Und ebenso wie das Große Meteoron erhielt es 1545 durch den Patriarchen Jeremias I. den privilegierten Status eines *stavropegion*, eines allein dem Patriarchen rechenschaftspflichtigen Klosters. Und seine Unabhängigkeit wurde sechzig Jahre später wiederum durch einen Patriarchen, Raphael, bekräftigt.

Adam gibt den Tieren Namen – eine Szene auf einem 1527 entstandenen Wandbild im Katholikon des Nikolaus-Klosters. Geschaffen wurde das Bild von Theophanes dem Kreter, dem Hauptvertreter der kretischen Malschule, dessen Werken wir in Makedonien und Thrakien ebenso begegnen wie auf dem Athos und in den Meteora-Klöstern.

Dieses Bild aus dem Nikolaus-Kloster zeigt den hl. Jakobos den Perser, einen Asketen aus dem 4. Jahrhundert, der einer Mönchsgemeinschaft angehörte.

GEGENÜBER:
Das Nikolaus-Kloster datiert vermutlich aus dem 14. Jahrhundert, doch wurde mit dem Bau der heutigen Kirche erst 1510 begonnen. Der wenige zur Verfügung stehende Platz hat das Wachstum des Klosters begrenzt und zu einem ungewöhnlichen zweistöckigen Entwurf geführt, bei dem die Zellen der Mönche über der Kirche zu liegen kamen.

Die Seilwinde und das Netz im Nikolaus-Kloster werden noch immer gelegentlich zum Heben schwerer Lasten genutzt, während die Klappleitern, früher das hauptsächliche Hilfsmittel, um zum Kloster zu gelangen, heute eher ein kurioses historisches Relikt darstellen.

Für die Mönche und Laien beruhte jedoch der Ruf des Stephanos-Klosters auf seinem heiligsten Besitztum, das in einem silbernen Reliquienschrein verwahrte Haupt des Märtyrers und Heiligen Charalambos, dem das Katholikon geweiht ist. Diese heilige Reliquie erwarb dem Kloster großes Ansehen, da man allgemein glaubte, Charalambos besitze die Fähigkeit, Seuchen, von denen die Bevölkerung der thessalischen Ebene häufig heimgesucht wurde, heilen oder abwenden zu können.

Das Stephanos-Kloster erlebte im 16. Jahrhundert eine Blüte, eine Zeit relativer Stabilität unter dem noch jungen Osmanischen Reich. Die kaiserliche Förderung mochte mit dem Fall Konstantinopels verlorengegangen sein, doch das Kloster konnte in Griechenland und anderswo entfernt liegenden Grundbesitz erwerben und nutzbar machen. Zusammen mit anderen Meteora-Klöstern erfreute sich das Stephanos-Kloster außerdem der Gunst neuer Wohltäter jenseits der Donau in der Walachei und der Moldau. Von hier aus überhäuften die rumänischen Woiwoden oder Fürsten, selbsternannte Verteidiger der Orthodoxie, die Meteora-, Athos- und andere würdige Klöster mit Geschenken und Geld. Das Kloster zum heiligen Stephanos behauptete, als eines der ersten von dieser Freigebigkeit gegenüber den Meteora profitiert zu haben, und nach einer Geschichte war es ein rumänischer Woiwode, Johannes Wladislaw, der dem Kloster das Haupt des hl. Charalambos und andere wundertätige Reliquien überreichte. Die Gönnerschaft der Rumänen ging im 17. und 18. Jahrhundert zurück, auch wenn ein Ableger jenseits der Donau weiterhin für gewisse Einkünfte sorgte und vermutlich auch einen Beitrag zum Bau einer neuen Kirche 1798 leistete.

Die walachische und moldauische Unterstützung fand ihren Weg auch zum Großen Meteoron. Einer der fähigsten walachischen Woiwoden, Neagoe Bessarab (1512 bis 1521), gab das Geld für den Kranturm mit Förderseil und für dringende Reparaturen der Leitern, die an der Felswand befestigt waren. Ein anderer Fürst und Philhellene, Radu Mihnea, überließ dem Meteoron walachische Ländereien zur Nutzung, darunter auch das Golgatha-Kloster in der Nähe des heutigen Tirgoviste. Dieser vorteilhafte Nießbrauch wurde um die Mitte des 18. Jahrhunderts durch Gregor II. und Matthäus II. Ghika bestätigt, und hundert Jahre später bezogen die Meteora-Klöster noch immer einen beträchtlichen Teil ihrer Einkünfte aus dem Land des Golgatha-Klosters.

Im 17. Jahrhundert jedoch war den rumänischen Fürsten anscheinend das Mitleid ausgegangen, jedenfalls kürzten sie ihre bislang so großzügigen Zuwendungen. Der Überlebenskampf in den Meteora war inzwischen so hart geworden, daß die Äbte der damals bestehenden zwölf Großklöster an Johannes Basilius Lupu, von 1634 bis 1654 Woiwode der Moldau, ein Bittschreiben richteten. Das Schriftstück erhob Lupu in den schmeichelhaften Rang des »mächtigsten Beschützers unseres orthodoxen Glaubens« und führte eine ganze Liste von Problemen auf, denen die Meteora-Klöster sich gegenübersahen: Die Mönche würden von ihren türkischen Unterdrückern mißhandelt und eingekerkert, und es würde immer schwieriger, den Glauben zu wahren. Die Äbte luden den Fürsten ein, sich zum zweiten Stifter der Meteora und zum Retter des orthodoxen Mönchtums in Türkisch-Thessalien zu machen. Möglicherweise hat Basilius genügend Geld geschickt, daß die Mönche ihre laufenden Ausgaben bestreiten konnten.

Auch die lokalen Einkünfte gingen zurück, und die Mönche hatten immer größere Mühe, ihrer Steuerpflicht gegenüber den Türken nachzukommen. Ein neuerwachtes

Jona und ein etwas ungewöhnlich aussehender Wal im Altarraum der Kirche des Nikolaus-Klosters.

GEGENÜBER:
Das Stephanos-Kloster, in dem heute Nonnen leben, wurde während des Zweiten Weltkriegs stark beschädigt und später von kommunistischen Aufständischen in Besitz genommen. In orthodoxen Kreisen ist es berühmt wegen eines Reliquienschreins mit dem Haupt des hl. Charalambos im Katholikon, das aus dem 18. Jahrhundert stammt.

griechisches Nationalgefühl und die damit einhergehende verstärkte Unterdrückung durch die Türken machten die Dinge noch schlimmer. Ein Aufstand im Jahr 1611 unter der Führung eines ehemaligen Bischofs von Trikala, Dionysios, wurde von den Türken schnell niedergeschlagen, die anschließend alle christlichen Einwohner Ioanninas aus der Stadt vertrieben und mehrere Klöster plünderten und zerstörten. Ein Ableger des Großen Meteoron, das im 13. Jahrhundert gegründete Kloster zur Muttergottes in Lykousada, wurde fast gänzlich in Schutt und Asche gelegt. Auf den Meteora konnten die Mönche in der Regel den Zugang zu ihren Felsennestern leicht versperren, indem sie die Leitern einzogen, aber sie waren dafür bekannt, allzu leichtgläubig zu sein. Im Jahr 1616 verkleideten sich Soldaten im Dienst Arslan Beys, des Paschas von Ioannina, als gottesfürchtige Pilger und begehrten Einlaß. Sobald sie sich im Innern des Klosters befanden, fielen sie über die Mönche her und töteten vier von ihnen.

Selbst ohne die Plünderungen und drückenden Steuerlasten wurde auf den Meteora langsam das Geld knapp. Die schlimmsten Löcher konnten durch den Verkauf von Büchern und Manuskripten gestopft werden, doch um keinen Preis wollten die Mönche sich von ihren heiligen Reliquien trennen. Etwa zu dieser Zeit begannen die Mönche Teile ihrer Bibliotheken an Reisende aus dem Ausland zu verkaufen. Der bedeutendste Käufer, der an der Dezimierung der Bücherbestände auf den Meteora einen wesentlichen Anteil hatte, war ein griechisch-zypriotischer Priester namens Athanasios, der zum Katholizismus übergetreten und 1639 nach Paris gegangen war. Dort wurden Kardinal Mazarin und Kanzler Séguier auf ihn aufmerksam, die ihn beauftragten, Manuskripte für Pariser Bibliotheken aufzukaufen. Auf den Meteora gab sich Athanasios als griechisch-orthodoxer Priester aus und gewann so das Vertrauen der weltfremden Mönche. Er bot ihnen an, die Bücher der Bibliotheken zu kaufen und sie mit Kupfermünzen desselben Gewichts zu bezahlen, was die Mönche unter den harten Verhältnissen ihrer Zeit nicht ausschlagen konnten. Zwischen 1643 und 1653, schickte Athanasios über zweihundert Handschriften nach Paris, und als er Griechenland wieder verließ, führte er weitere hundert mit sich, von denen er einen Teil in Rom und Venedig an den Mann brachte. Leider ist ein Großteil seiner Beute spurlos verlorengegangen.

Mit dem Ausverkauf von Büchern und Handschriften konnten sich die Mönche jedoch auf die Dauer auch nicht über Wasser halten, und politische Veränderungen in der Walachei und der Moldau im frühen 18. Jahrhundert bedeuteten, daß die Mönche sich aus dem Norden keine Hilfe mehr versprechen konnten. In ihrer Verzweiflung schickten die Äbte die Mönche mit der Bettelschale aus. So gab beispielsweise 1776 der Abt des Großen Meteoron-Klosters, Damaskenos, einem seiner Mönche den Auftrag, mit einigen der am meisten verehrten Reliquien des Klosters, darunter eine Hand des hl. Paraskevi und das Haupt des hl. Panteleimon, auf Betteltour zu gehen.

Während die Mönche Almosen sammelten, verschlechterte sich das politische Klima in Thessalien mehr und mehr. 1788 wurde Ali Pascha Gouverneur von Ioannina, und damit begann die lange Regierung eines gefürchteten Herrschers, der einen Großteil Nordgriechenlands als eine quasi unabhängige Provinz des verfallenden Osmanischen Reichs unter sich hatte. Die Christen in Thessalien führten Klage darüber, daß sie unter Ali noch größeren Verfolgungen ausgesetzt seien, vor allem durch die Türken in Larissa, und die Meteora-Klöster bekamen eine neue Rolle als Fluchtburgen. Angeblich haben sich einmal rund 500 Frauen und Kinder bei den Mönchen in Sicherheit gebracht.

Die Mönche standen bei den türkischen Besatzern überdies im Verdacht, die Aufständischen zu unterstützen. Einige Klöster, vor allem Hagia Moni und das Demetrios-Kloster, wurden von Klephten, die sich Ali nicht beugen wollten, als Versteck genutzt; doch die wenigsten Mönche waren aktiv an Anschlägen gegen den Pascha beteiligt. Alis Sohn Veli Pascha ergriff die Gelegenheit, die Klostergüter noch härter zu besteuern und

FOLGENDE SEITEN:
Trotz der vor kurzem abgeschlossenen Restaurierungsarbeiten scheint sich, aus der Entfernung gesehen, am Dreifaltigkeitskloster wenig geändert zu haben, seit der russische Mönch und Pilger Vasili Barsky den Ort 1745 besuchte und den Bau entwarf.

Der Aufzug im Innern des Dreifaltigkeitsklosters in den Meteora-Felsen. Lange Zeit sorgte diese Apparatur für die Verbindung der Mönche mit der Außenwelt.

das ohnedies schon beträchtliche Vermögen seines Vaters zu mehren, wann und wie es ihm beliebte. Erpressungen und Entführungen mit Lösegeldforderungen waren an der Tagesordnung. 1810 besuchte ein englischer Reisender, Colonel Leake, die Meteora und erfuhr, daß der Abt des Großen Meteoron, zwei seiner Mönche und ein oder zwei Mönche anderer Klöster im Gefängnis von Ioannina schmachteten, weil sie einem Haufen Aufständischer zu essen gegeben hatten. Die Türken verlangten erst ein Lösegeld von den Klöstern, bevor sie die Häftlinge wieder freiließen.

Invasionen ohne Ende

Die Tage der Türkenherrschaft waren jedoch gezählt. Nach dem griechischen Unabhängigkeitskrieg zog der erste Friedensvertrag die türkisch-griechische Grenze südlich von Thessalien, so daß die Meteora beim Osmanischen Reich blieben. Im Jahr 1854 unternommene Versuche zur Befreiung Thessaliens wurden sogleich unterdrückt, doch 1881 wurden nach dem Türkisch-Russischen Krieg die Grenzen neu gezogen, und jetzt gehörte der größte Teil Thessaliens zu Griechenland. Doch selbst dann konnten die Mönche noch nicht einmal ansatzweise zu normalen Verhältnissen zurückkehren. Sechzehn Jahre später stand Thessalien im Mittelpunkt des kurzen Griechisch-Türkischen Krieges. Tausende flohen in den Süden nach Athen, und die Meteora wurden von türkischen Truppen geplündert. Schließlich, im Juni 1898, verließen die letzten Truppen des Sultans, die türkischen Gutsbesitzer und der größte Teil der muslimischen Bevölkerung Thessalien. Die Meteora-Klöster hatten endlich das türkische Joch abgeworfen.

GEGENÜBER:
In eine enge Spalte gezwängt ist das Hypapanti-Kloster, eines der weniger bekannten Klöster der Meteora. Es ist seit langem aufgegeben und weitgehend verfallen, doch die Fresken in der Kirche und die Ikonostase sind noch erhalten.

In den langen Jahren der Not hatten die Klöster viel von ihrem früheren Reichtum verloren. Im 18. und 19. Jahrhundert waren Bibliophile aus dem Ausland, allen voran Lord Curzon, den Kauffahrten des Athanasios in den Jahren nach 1640 gefolgt, um die Klöster um wertvolle Handschriften zu erleichtern. Das Große Meteoron besaß 1859 nach Aussage des reisenden russischen Archimandriten Uspenskij noch über 600 Manuskripte, und im Varlaam-, Roussanou- und Stephanos-Kloster befanden sich nach wie vor bedeutende Werke. Immerhin waren sie der neuen griechischen Regierung so wichtig, daß diese 1882 eine Kommission einsetzte, die alle vorhandenen Handschriften nach Athen bringen sollte. Doch die von der Bevölkerung unterstützten Mönche weigerten sich, ihre Schätze herauszugeben, und die Kommission, enttäuscht über »die unvernünftige Opposition der unvernünftigen Klosterbewohner«, kam mit einer Handvoll Manuskripte für die neue Nationalbibliothek nach Athen zurück.

Nachdem die Türken verschwunden waren, hätten die Mönche vielleicht hoffen können, ihre Bemühungen nunmehr ganz auf ihre spirituelle Berufung zu konzentrieren. Doch das 20. Jahrhundert meinte es nicht besser als frühere Jahrhunderte. Während der verheerenden Besatzung Griechenlands durch deutsche und italienische Truppen im Zweiten Weltkrieg erlitten die Meteora-Klöster schlimme Schäden, und die Mönche wurden erbarmungslosen Schikanen ausgesetzt. Im Großen Meteoron brachten die Mönche beim Ausbruch der Feindseligkeiten ihre wichtigsten Schätze in Sicherheit, doch 1943 nahmen italienische Soldaten den Abt gefangen und jagten ihn fort nach Larissa. Die beiden im Dreifaltigkeitskloster verbliebenen Mönche wurden von den Italienern ebenfalls vertrieben; diese plünderten anschließend die Kirche, nahmen den Hauptkandelaber mit und rissen die silbernen Heiligenscheine von den Ikonen ab. Ein Feld der Ikonostase und die meisten Chorstühle wurden zertrümmert. Verehrte Reliquien, darunter die Schädel der hl. Barbara und des hl. Gregorios, verschwanden.

Am schlimmsten von solchen Verwüstungen betroffen war das Stephanos-Kloster, in dem die Deutschen versteckte Partisanen vermuteten. Im Oktober 1943 beschossen sie das Kloster von der thessalischen Ebene aus mit Granaten, trafen die Kuppel des dem hl. Charalambos geweihten Katholikon und die ältere Stephanos-Kapelle, bei der ein großer Teil des Holzdachs und wertvolle Fresken zerstört wurden. Deutsche und italienische Truppen besetzten später den Komplex, brachen die Türen auf und benutzten sie als Feuerholz; schließlich verschwanden sie mit Kandelabern und anderen Klosterschätzen. Nach den deutschen Besatzern kamen die griechischen Kommunisten, deren Kämpfer das Stephanos-Kloster wegen seiner strategischen Lage okkupierten.

In den Nachwehen des Krieges setzten die Mönche allmählich den mühseligen Prozeß der Genesung in Gang, doch mußten dringend notwendige Instandsetzungsarbeiten warten, da der Wiederaufbau der Städte und Dörfer den Vorrang hatte. Die Wiederherstellung der Klöster begann erst richtig in den sechziger Jahren, als die Regierung die Beseitigung der Schäden in die Hände nahm, die eines der eigentümlichsten und bedeutendsten Nationaldenkmäler erlitten hatte. Hinter diesem Vorhaben standen eher kulturelle als spirituelle Motive sowie die Überlegung, daß von einer Förderung des Tourismus sowohl die Klöster als auch der Staat profitieren würden. Die Meteora sind heute im Unterschied zum Athos eine touristische Attraktion ersten Ranges, die jeden Sommer Pauschalreisende und Individualtouristen in Scharen anzieht. Nicht alle waren über diese erneute, diesmal friedliche Invasion glücklich. Heute leben kaum noch Mönche oder Nonnen in den Meteora. Die wenigen haben ihre Rolle als Saisonarbeiter – Kassierer und Fremdenführer – akzeptiert. Andere, die ein ruhigeres spirituelles Leben wollten, waren gezwungen, zu anderen Klöstern zu wechseln, die für Touristen wenig Interessantes zu bieten haben, wie Dousiko in der Nähe von Trikala, oder zu geschlossenen, für Fremde kaum zugänglichen Einrichtungen wie die Athosklöster.

GEGENÜBER:
Verlassene Eremitenklausen, die in enge Höhlen in den steilen Felswänden hineingebaut wurden. Einige der Höhlenwohnungen werden noch heute von den Ortsansässigen verehrt, die einer langen Tradition folgend jeden Eingang mit einem bunten Fähnchen schmücken.

Mehr Nonnen als Mönche

Die Nonnen ... wurden immer stärker von dem Gedanken an meine Einstellung zu Gott umgetrieben. Die kirschlippige Schwester Magdalini stellte mich eines Tages im Rosengarten zur Rede, wobei sie einen Pflanzstock schwang: »Ketzer kommen nicht in den Himmel, glauben Sie mir. Bitte bekehren Sie sich, denken Sie an Ihr Seelenheil!«

Sara Wheeler, *An Island Apart*, 1992
im Nonnenkloster zum hl. Nikolaus auf Euböa

Der mäßige Anstieg der Zahl der Athosmönche seit den frühen siebziger Jahren hatte außerhalb des Heiligen Bergs kaum Auswirkungen. Mehrere Klöster konnten allerdings ein leichtes Wachstum verzeichnen, und vor allem bei den Nonnen hat es erstaunlich viele Neuzugänge gegeben. Manche Kirchenmänner sahen darin einen Grund zu Optimismus, denn wie gering auch immer der Zuwachs war, zumindest in einigen führenden Klöstern schien eine Wende eingetreten zu sein.

In den Anfängen der Unabhängigkeit hätte man vielleicht eine gewisse Sympathie, wenn nicht sogar ein entschlossenes Eintreten des Staats für das Mönchtum erwarten können. Den Klöstern und der Kirche hatte man schließlich das Verdienst zugeschrieben, den hellenischen Geist zu pflegen und in der Revolution von 1821 eine tragende Rolle gespielt zu haben. Doch der neue griechische Staat war in brüsker Weise antimonastisch eingestellt, und nach den von-Maurerschen Reformen ging die Zahl der Klöster von beinahe 600 auf 148 zurück, die Zahl der Mönche – die meisten alt und reaktionär – auf 1579. So war es nicht überraschend, wenn der Earl of Caernarvon nach einer Reise durch Griechenland (1839) konstatierte: »Die Macht der Kirche über das Denken der Menschen geht in Griechenland langsam, aber stetig zurück.« Der Einfluß der Kirche und insbesondere der Klöster ist immer noch im Abnehmen begriffen. Die Orthodoxie bleibt aber ein fester Bestandteil der griechischen Welt, selbst wenn die traditionellen Verbindungen zwischen Kirche und Staat inzwischen fast zerbrochen sind.

Die Verwaltung der Kirche von heute ist komplex. Aufgrund der Geschichte des östlichen Mittelmeers sind die Zuständigkeiten der Kirche innerhalb Griechenlands noch immer zwischen dem alten Patriarchat von Konstantinopel und der unabhängigen Kirche Griechenlands aufgeteilt. Zwar hat sich der Geltungsbereich der Jurisdiktion des Patriarchats seit seiner größten Ausdehnung im 10. Jahrhundert enorm verkleinert, doch gehören ihm der Berg Athos, Kreta und der Dodekanes sowie die Türkei, Finnland und die griechische Diaspora immer noch an. Die Lage des Patriarchen Bartholomäus

GEGENÜBER:
Das Kloster zur Darstellung der Gottesmutter auf der Insel Amorgos in den mittleren Kykladen klebt förmlich an einem steil aufragenden Kalksteinfelsen. Das Kloster wurde 1088 vom byzantinischen Kaiser Alexios I. Komnenos gegründet, etwa zur selben Zeit wie das berühmte Johannes-Theologos-Kloster auf Patmos.

Osterfeier im Johannes-Theologos-Kloster auf Patmos.

in Istanbul ist ungewöhnlich und diplomatisch ebenso heikel, wie sie es unter den Osmanen war. Insgesamt umfaßt das Patriarchat sechs Millionen Menschen, doch in der Stadt, in der sein Amtsträger seinen Sitz hat, leben nur noch wenige Orthodoxe. Bis 1971 unterhielt das Patriarchat eine berühmte theologische Schule auf der Insel Halki in der Nähe von Istanbul, doch unter den türkischen Generälen wurde es gezwungen, sie zu schließen, und ist seitdem auf andere Seminare auf Patmos, Kreta und dem Athos angewiesen. In Griechenland unterhält das Patriarchat außerdem zwei Stiftungen mit Sitz in einem Kloster: die Orthodoxe Akademie im Kloster zu Unserer Lieben Frau Gonia in Kreta, wo ökologische und soziale Studien gefördert werden, und das Institut für patristische Studien im Vlatadon-Kloster in Saloniki.

Das übrige Griechenland untersteht der Jurisdiktion der Kirche von Griechenland, die ein Netz von Pfarreien, Klöstern und karitativen Stiftungen unterhält. In organisatorischer Hinsicht hat die Kirche sich in den vergangenen Jahren leicht ausgedehnt, doch die Wiederbelebung des Mönchslebens auf dem Athos hat sich im übrigen Griechenland kaum ausgewirkt. Selbst in den Klöstern, in denen die Belegung auf dem

GEGENÜBER:
Ein Toreingang im Panagia-Kloster auf der Pelion-Halbinsel mit dem universalen Symbol des Christentums.

Das Panachrantou-Kloster auf Andros wurde von dem byzantinischen Kaiser Nikephoros II. Phokas gegründet, der auch das erste Kloster auf dem Athos überhaupt, die Große Lavra, stiftete. Oben die Trapeza, gegenüber die Ansicht von Südwesten.

Ein Teil der insgesamt 336 Zellen in dem bedeutenden Kloster der Großen Pforten oder Dousiko in den Bergen westlich von Trikala in Thessalien. Gegründet wurde es um 1515 vom hl. Bessarion, Erzbischof von Larissa, der später die zentrale Figur in einer der aktivsten und blühendsten Perioden in der Geschichte der Meteora war.

OBEN RECHTS:
Ein Flügel des aufgegebenen Klosters zur Hagia Paraskevi hoch über der Vikos-Schlucht in Zagoria, dem »Land jenseits der Berge«, in der Nähe der Grenze zu Albanien.

Papier ganz gut aussieht, leben in Wirklichkeit nur ganz wenige Mönche. Und in vielen der bedeutenderen byzantinischen Klöster sind die Mönche hauptsächlich als Museumswärter beschäftigt.

Während die meisten Häuser außerhalb des Athos dezimiert wurden, gibt es Ausnahmen vom allgemeinen Trend. Zwei Klöster vergleichsweise jüngeren Datums in Attika, das altkalendarische Verklärungskloster in Kouvara und das Paraklet-Kloster in Oropos, folgen strikt den koinobitischen Traditionen und beherbergen eine stattliche Zahl junger Mönche. Daneben gibt es Bestrebungen, einige der älteren Häuser wiederzubeleben, wie das Hosios Lukas, wo aufwendige Restaurierungen vorgenommen werden. Statistiken für die Kirche von Griechenland zeigen, daß die Zahl der Mönche zwischen 1971 und 1992 von 776 auf 927 gestiegen ist, ein Zuwachs, der nicht ausreicht, um eine nennenswerte Neubelebung des Mönchtums zuverlässig zu prognostizieren.

Während sich die meisten Mönchsklöster in einem fortgeschrittenen Zustand des Verfalls befinden, gibt es Anzeichen für eine neue Blüte der Nonnenklöster. In einem Trend, der auf eigenartige Weise das Wachstum großer Klöster in den ersten Jahrhunderten der Türkenherrschaft widerspiegelt, stieg die Zahl der Klosterschwestern von ein paar hundert in den zwanziger Jahren auf fast 2500 Mitte der neunziger Jahre. Neugegründete Frauenklöster haben häufig, wie das Frauenkloster zum hl. Nikolaus in Euböa, ältere Gebäude übernommen, die von Mönchen aufgegeben wurden. Zu den größeren Häusern dieser Art gehören das Kloster Mariä Verkündigung auf der Chalki-

Das Kloster Spiliotissa, eines von vielen kleinen verlassenen Klöstern, versteckt in den Zagoria-Bergen im Nordwesten Griechenlands.

Im Glockenturm des Klosters Spiliotissa.

dike, eine Tochterinstitution des Klosters Simonos Petras auf dem Athos, und das ungewöhnliche Kechrovouni-Kloster auf der Insel Tinos. Das letztere, das in der griechischen Welt wegen der Pilgerfahrten zum Schrein der Muttergottes berühmt ist, ähnelt einem kleinen Dorf und beherbergt etwa sechzig Nonnen.

Das gewachsene Kulturbewußtsein, die Erträge aus dem Tourismus und ein wirtschaftlich stärkerer griechischer Staat tragen dazu bei, daß bedeutende byzantinische Klöster, die lange Zeit verwaist waren, heute als Museen erhalten bleiben. Die Restaurierung byzantinischer Klöster erstreckt sich zum Glück auch auf Gebiet außerhalb des heutigen Griechenlands. Eines der erfolgreichsten, von US-Amerikanern geförderten Programme umfaßte die Reinigung der Fresken und Mosaiken in der ehemaligen Erlöserkirche des Chora-Klosters, der heutigen Kariye-Moschee im Istanbuler Stadtteil Fener, die vom Byzantinischen Institut durchgeführt wurde. Inzwischen werden die Klosterkirchen in Kappadokien, einst eine abgelegene byzantinische Provinz, im Rahmen eines von der UNESCO geförderten Programms wiederhergestellt, das in den siebziger Jahren begonnen wurde.

Diese und andere Klöster-Museen in Griechenland werden natürlich nie wieder lebendige Mönchsgemeinschaften aufnehmen. Nie wieder wird in ihren Mauern das Semantron ertönen, und nie wieder wird man dort schwarzgekleidete Gestalten aus einer anderen Zeit antreffen. Um einen Eindruck davon zu erhaschen, wie es früher einmal war, müssen wir uns zu den merkwürdigen Athosklöstern begeben, wo eine wachsende Zahl von Mönchen liturgischen Riten folgt, an denen sich seit den Tagen von Byzanz wenig geändert hat. Hier herrscht gedämpfter Optimismus. Doch ein Mönch im Iviron-Kloster sagte mir: »Unsere Zahl nimmt allmählich zu. Aber wir dürfen nicht zu schnell wachsen, sonst bleibt das spirituelle Leben zurück.«

GEGENÜBER:
Das aus dem 11. Jahrhundert stammende Kloster der Panagia Mavriatissa in der Nähe von Kastoria, ein bedeutendes Unterzentrum byzantinischer Kunst. Das Kloster besitzt Doppelkirchen; die älteste, die Kirche zur Gottesmutter, enthält Fresken aus dem 13. Jahrhundert, auf denen der Baum Jesse mit der Muttergottes dargestellt ist, eingerahmt von den Aposteln auf den Zweigen.

Das universelle Symbol des Christentums, das »kostbare und lebensspendende Kreuz«. In Byzanz wurden die Handelsverträge unter Berufung auf die hl. Dreifaltigkeit abgeschlossen und mit dem Zeichen des Kreuzes versehen, und heute tragen die meisten orthodoxen Christen zum Gedenken an ihre Taufe ein kleines Kreuz an einem Kettchen um den Hals.

Glossar

Anachoreten — Christliche Asketen, die völlig isoliert in unwirtlichen Gegenden lebten.

Anastasis — Wiederauferstehung Christi. In der orthodoxen Ikonographie wird die Anastasis häufig in der Weise dargestellt, daß Christus die Pforten der Hölle aufbricht und Adam und Eva sowie die alttestamentarischen Könige aus der Hölle befreit.

Anathem(a) — Bannspruch.

Archimandrit — Abt einer Klosteranlage oder eines Klosterverbands in der orthodoxen Kirche, auch als Ehrentitel für höhere Geistliche gebraucht.

Arianer — Anhänger der Lehre des Arius von Alexandria (4. Jh.), leugnen die reine Göttlichkeit Christi.

Arseniten — Konservative Gruppe dissidenter Mönche, Anhänger des Patriarchen Arsenius Autorianus.

askesis — Ursprünglich (körperliche und geistige) »Übung«, Lebensweise. Heute ist damit eine Lebenshaltung gemeint, die mit systematischem Verzicht, Enthaltsamkeit oder gar Selbstkasteiung verbunden ist.

Athonit — Bewohner des Athos.

bema — Allerheiligstes einer orthodoxen Kirche, in dem die Liturgie gefeiert wird; Altarraum.

bibliophylax — Aufseher der Klosterbibliothek.

brevion — Stiftungsurkunde eines Klosters, in der alle Schenkungen und die Wünsche des Stifters im Hinblick auf die Fürbitten verzeichnet sind.

charistikon — Klösterlicher Grundbesitz, der von einem eigens dafür bestimmten (weltlichen) Verwalter betreut wird.

chartophylax — Schreiber oder Archivar eines Klosters.

Chrysobullon — Goldbulle; kaiserliches Dekret auf einer Pergamentrolle, das mit einer goldenen Bulle versiegelt war.

Cloisonné-Mauerwerk — Dekoratives Mauerwerk, bei dem Werksteinblöcke von flachen Ziegeln eingerahmt sind.

Deësis — Darstellung Christi, zu dessen Seiten die Muttergottes und Johannes der Täufer stehen.

Dendrit — Anachoret, der – häufig angekettet – auf einem Baum lebte.

Dodekaorton — Griech., »zwölf Feste«. Die zwölf wichtigsten Episoden im Leben und Tod Jesu und seiner Mutter: die Verkündigung Mariens, die Geburt Jesu, die Darstellung im Tempel, die Taufe, die Erweckung des Lazarus, der Einzug in Jerusalem, die Kreuzigung, die Auferstehung, die Himmelfahrt, das Pfingstwunder, die Verklärung Christi und die Heimholung Mariä.

epistemonarchos — Älterer Mönch, der bei Streitigkeiten zwischen den Klosterbrüdern als Schlichter angerufen wird.

epitaktos — Für die Einhaltung der Hausdisziplin zuständiger Mönch.

Evangeliar — Buch, das die Evangelienabschnitte der Meßliturgie enthält.

Evangelistar — Evangelienbuch; enthält den vollständigen Text der vier Evangelien des Neuen Testaments.

Exarch — Vertreter eines Patriarchen oder ein Bischof, im Rang zwischen einem Patriarchen und einem Metropoliten. Auch Bezeichnung für den Gouverneur einer byzantinischen Provinz.

Exonarthex — Äußerer Narthex (Vorhalle) einer Kirche mit Doppelnarthex.

Hagiographie — Biographie eines Heiligen.

Hagioriten — Von griech. *hagios oros*, heiliger Berg: Bewohner des Athos.

hegoumenos — Hegumen; Klosterabt.

Hesychast — Mystiker oder Mönch, der in seiner Gottsuche nach göttlichem Frieden und Ruhe (*hesychia*) strebt. Nach der Lehre des Hesychasmus ist es möglich, das Göttliche Licht zu schauen, indem man bestimmte Körperhaltungen einnimmt und geistige Übungen macht.

hesychasterion — Kleine Hütte, Höhle oder andere Behausung, die von einem Hesychasten bewohnt wird.

Homiliar — Sammlung von Homilien.

Homilie — Eine Predigt, bei der ein bestimmter Bibeltext Satz für Satz erklärt wird (Textauslegung).

Horologion — Liturgisches Buch der orthodoxen Kirchen, das unter anderem das Stundengebet enthält.

Idiorrhythmie — Wörtlich »eigener Rhythmus«. Klösterliche Lebensform, die den Mönchen im Unterschied zur koinobitischen eine weitgehend eigenbestimmte Lebensweise und den Besitz von Privateigentum gestattet.

Ikonomos — Finanzverwalter eines Klosterverbands.

Ikonostase — Die den Altarraum von der Vorhalle der Kirche trennende Bilderwand, an der Ikonen aufgehängt sind.

Katechumene — Christlicher Konvertit während der Vorbereitung auf die Taufe.

Katholikon — Hauptkirche eines Klosters.

Kellion — Haus für außerhalb eines Klosters lebende Mönche.

Kelliot — Einsiedler oder Eremit, der in einem Kellion lebt.

Klephten — Neugriech., »Räuber«. Freischärler, die sich nach der Unterjochung Griechenlands durch die Türken in die Berge zurückzogen und von dort aus Überfälle auf Türken verübten, daneben aber auch schlichten Straßenraub begingen.

Koinobitisches Kloster — Griech. *koinos bios*, »gemeinsames Leben«. Gemeinschaft von asketischen Mönchen, die unter einheitlicher Leitung nach bestimmten Regeln zusammenleben. Aller Besitz ist gemeinschaftlich, Privateigentum ist ausgeschlossen.

Kollyvades — Konservative Gruppe innerhalb der orthodoxen Kirche, die sich gegen Ende des 18. Jahrhunderts westlichen Einflüssen widersetzte.

Konche — Halbkuppel der Apsis

Lavra (Laura) — Ursprünglich eine Gruppe von Eremitenzellen, später Bezeichnung für die Große Lavra auf dem Athos.

Lektionar — Liturgisches Buch mit den Texten der für den Gottesdienst vorgesehenen Lesungen.

Lite (Liti) — Rechteckige Innenvorhalle einer Kirche, die den Doppelnarthex ersetzt.

Menologien — Griech., »Monatsregister«; enthalten die Viten bestimmter Heiliger.

Naos — Innenhalle eines Tempels oder einer Kirche.

Narthex — Abgetrennte westliche Vorhalle einer byzantinischen Kirche, in der Regel den Frauen und Kindern vorbehalten. In Klosterkirchen ist er für die Novizen bestimmt.

oikonomos — Siehe Ikonomos.

Oktoechos — Liturgisches Buch der Ostkirche.

omphalopsychi — Abwertende Bezeichnung für Hesychasten: Männer, »die ihre Seele im Nabel haben«.

Palikaren — Kretische Aufständische während des Großen Unabhängigkeitskriegs.

Pantokrator — Darstellung Christi als »Allherrscher«, gewöhnlich in der Kuppel in einer orthodoxen Kirche.

Patene — Flache Schale zur Aufnahme des Brots bei der Eucharistie.

Patriarch — Bischof in der orthodoxen Kirche oder Oberhaupt einer autokephalen Kirche.

Patristik — Studium der Schriften der Kirchenväter.

Phiale — Mit einer Kuppel überdachter »Weihwasserbrunnen«.

Protaton — Kirche des gewählten Vorstehers (Protos) aller Klöster auf dem Athos.

Prothesis — In orthodoxen Kirchen der an der Nordseite der Hauptapsis gelegene Nebenraum, in dem der Tisch zur Vorbereitung der eucharistischen Gaben steht.

Protos — Oberhaupt des Heiligen Synod auf dem Athos bis zur Mitte des 17. Jahrhunderts.

Querschiff — Der sich nach Norden und Süden erstreckende Gebäudeteil einer Kirche.

sakellarios — Beamter am Hof des Patriarchen, der für patriarchale Stiftungen zuständig war.

Saloi — Frühe Asketen, die Gott am besten zu dienen glaubten, indem sie sich wie Narren aufführten.

Scriptorium — Schreibraum in einem Kloster.

Semantron — Schweres Holzbrett, das mit einem Hammer angeschlagen wird, um die Mönche zum Gebet zu rufen.

Skete (Skiti) — Mönchsdorf auf dem Athos, das von einem Großkloster abhängig ist.

solemnion — Jährliche Geldzuwendung, die vom Kaiser gewährt und aus der Staatskasse bezahlt wurde.

stavropegion — Kloster, das allein dem Patriarchen unterstellt ist.

Stylit — Säulenheiliger; Asket, der auf dem Kapitell einer Säule lebte.

taxiarchos — Mönch, der für die Organisation von Prozessionen und kirchlichen Ritualen zuständig ist.

Trapeza — Refektorium; Speisesaal der Mönche.

Typikon — Stiftungsurkunde eines Klosters, in der die Klosterordnung oder -verfassung niedergelegt ist.

Woiwode — Fürst oder Herrscher in der Walachei.

Bibliographie

Allatios, Leo, *The Newer Temples of the Greeks*, Einl. und Übers. von Anthony Cutler, Philadelphia 1969

Amann, Albert Maria (Einl. und Übers.), *Die Gottesschau im palamitischen Hesychasmus. Ein Handbuch der spätbyzantinischen Mystik*, 2. Aufl. Würzburg 1948

Arnott, Peter, *The Byzantines and Their World*, London 1973

Athanasius, Saint, *The Life of Antony*, Übers. R. C. Gregg, New York 1980

Attwater, Donald, *The Christian Churches of the East*, Bd. 2, *Churches not in Communion with Rome*, London 1961

Baker, Derek, »Theodore of Sykeon und the Historians«, *Studies in Church History*, 13, 1976

Barrois, Georges A. (Einl. und Übers.), *The Fathers Speak*, New York 1986

Barsky, V. G., »Die Reisen von Vasili Georgorivitch Barsky zu den heiligen Stätten des Orients«, St. Petersburg 1885–1887 (russisch)

Bent, J. T., *Early Voyages and Travels in the Levant*, Hakluyt Society, Series 1, LXXXVII, London 1893

Benz, Ernst, *Der tausendjährige Athos und die Zukunft der Ostkirche*, Düsseldorf/Köln 1964

Binon, S., *Les Origines légendaires et l'histoire de Xeropotamou et de Saint-Paul de l'Athos*, Löwen 1942

Brehier, Louis, *Les Eglises Byzantines*, Paris 1912

–, *Les Institutions de l'Empire Byzantine*, Paris 1949

Brewster, Ralph H., »Athos: the holy mountain«, *The Geographic Magazine* 2 (4), Februar 1936

Brockhaus, M., *Die Kunst in den Athos-Klöstern*, 2. Aufl., Leipzig 1924

Browning, Robert, *The Byzantine Empire*, London 1980

Bryer, Anthony, »The Later Byzantine Monastery in Town and Countryside«, *Studies in Church History*, 16, 1979, S. 234 bis 241

–, und Heath Lowry, *Continuity and Change in Late Byzantine and Early Ottoman Society*, Birmingham/Washington 1986

Budge, Ernest A. Wallis (Übers.), *The Paradise, or Garden of the Holy Fathers: Being Histories of the Anchorites, Recluses, Monks, Coenobites and Ascetic Fathers of the Deserts of Egypt between AD CCL and AD CCCC Circiter, complied by Athanasius, Archbishop of Alexandria, Palladius, Bishop of Helenopolis et al.*, London 1907

Buchon, Jean-Alexandre, *La Grèce continentale et la Morée. Voyage...en 1840 et 1841*, Paris 1843

Bulgakov, S., *The Orthodox Church*, London 1935

Byron, Robert, *The Station, Athos: Treasures and Men*, London 1928

–, *The Byzantine Achievement*, London 1929.

–, und David Talbot Rice. *The Birth of Western Painting: A History of Colour, Form and Iconography, illustrated from Paintings of MISTRA and MOUNT ATHOS, of Giotto and Duccio, and El Greco*, London 1930

Cavarnos, Constantine, *Anchored in God: An Inside Account of Life, Art and Thought on the Holy Mountain of Athos*, Athen 1959.

–, *The Holy Mountain*, Belmont, Mass. 1973.

Chandler, Richard, *Travels in Greece or An Account of a Tour Made at the Expense of the Society of Dilettants*, Oxford 1776.

Charanis, Peter, »The monastic properties and the state in the Byzantine Empire«, *Dumbarton Oaks Papers* 4, Cambridge, Mass. 1948

–, »The Monk as an Element in Byzantine Society«, *Dumberton Oaks Papers*, 25, Cambridge, Mass. 1971

Chatzidakis, Manolis, *Icons of Patmos*, Athen 1986

–, Mistra. *Die mittelalterliche Stadt und die Burg.* Athen 1993

–, und Dimitrios Sofianos, *The Great Meteoron: History and Art*, Athen 1990

Chitty, Derwas J., *The Desert a City*, Oxford 1966

Choiseul-Gouffier, Comte de, *Voyage pittoresque de la Grèce*, 2 Bde., Paris 1782–1822

Choukas, Michael, *Black Angels of Athos*, London 1935

Clarke, W. K. Lowther (Übers.), *The Ascetic Writings of St Basil*, London 1925

Clément, Olivier, *Byzance et le Christianisme*, Paris 1964

Clogg, Richard (Hrsg. und Übers.), *The Movement for Greek Independence 1770–1821. A Collection of Documents*, London 1976

Cockerell, C. R., *Travels in Southern Europe and the Levant*, London 1903

Colbeck, Alfred, *A Summer's Cruise in the Waters of Greece, Turkey, and Russia*, London 1887

Cormack, Robin, *Writing in Gold: Byzantine Society and its Icons*, London 1985

Covel, John, *Some Account of the present Greek Church, with Reflections on their present Doctrine and Discipline, particularly on the Eucharist and the rest of the seven Pretended Sacraments*, Cambridge 1722

Crossland, John, und Diana Constance, *Macedonian Greece*, London 1982

Curzon, R., *Visits to Monasteries in the Levant*, London 1849

Dawkins, R. M., *The Monks of Athos*, London 1936

De Paris a Athènes, la Turquie, le Mont Athos, la Grèce. Souvenirs d'une excursion de vacances. Recueillis par un des directeurs de la Caravane, Lille 1894

Diez, Ernst, und Otto Demus, *Byzantine Mosaics in Greece: Daphni and Hosios Lucas*, Cambridge, Mass. 1931

Dodwell, Edward, *A Classical and Topographical Tour Through Greece, during the Years 1801, 1805, and 1806*, London 1819

Dölger, Franz (Hrsg.), *Athos, Mönchsland*, München 1943

–, *Aus den Schatzkammern des Heiligen Berges – 115 Urkunden und 50 Urkundensiegel aus 10 Jahrhunderten*, 2 Bde., München 1948

Dreux, R. P. Robert de, *Voyage en Turquie et en Grèce du R. P. Robert de Dreux, aumonier de l'ambassadeur de France (1665–1669)*, Paris 1925

Ermenia tis zografis, Das Malerhandbuch des Malermönches Dionysios vom Berge Athos, München (Slaw. Institut) 1983

Failler, A., »Le monachisme byzantin aux XIe–XIIe siècles: Aspects sociaux et économiques«, *Cahiers d'Histoire*, 20, 1975, S. 279–302

Fallmerayer, J. Ph., *Der heilige Berg Athos*, Dortmund 1947

Farmer, D. H. (Hrsg.), *Oxford Dictionary of Saints*, Oxford 1987

Fermor, Patrick Leigh, *Roumeli: Travels in Northern Greece*, London 1966

Ferradon, A., *Des biens des monastères à Byzance*, Bordeaux 1896

Ferster, Edward S., *A Short History of Modern Greece*, London 1958

Festugière, A. J. (Hrsg.), *La vie de Théodore de Sykéon*, Brüssel 1970

Fichtner, Fritz, *Wandmalereien der Athos-Klöster*, Berlin 1931

Forsyth, G. H., und K. Weitzmann, *The Monastery of St. Catherine at Mount Sinai. The Church and Fortress of Justinian*, Ann Arbor 1973

Fortescue, Adrian, *The Orthodox Eastern Church*, London 1913

Frazee, Charles A., *The Orthodox Church and Independent Greece 1821–1852*, Cambridge 1969

Gamba, Pietro, *A Narrative of Lord Byron's last journey to Greece. Extracted from the journal of Count Pietro Gamba, who attended his Lordship on that expedition*, London 1825

Gardner, Alice, *Theodore of Studium: His Life and Times*, London 1905

Grabar, A., *L'Art Religieux et l'Empire Byzantin à l'Epoque des Macédoines*, Paris 1939

–, *L'Art Byzantine du Moyen Age*, Paris 1963

Grassi, E., *Mont Athos, Presqu'île Sacrée*, Paris 1981

H.M.S.O., *Works of Art in Greece, the Greek Islands and the Dodecanese: Losses and Survivals in the War*, London 1946

Hammond, Peter, *The Waters of Marah: the Present State of the Greek Church*, London 1956

Hannay, J. O., *The Spirit and Origin of Christian Monasticism*, London 1903

Harder, Johannes, *Kleine Geschichte der orthodoxen Kirche*, München 1961

Hasluck, F. W., »The First English Traveller's Account of Athos«, *The Annual of the British School at Athens*, Nr. XVII, 1910/11

–, *Athos and Its Monasteries*, London 1924

–, *Christianity and Islam Under the Sultans*, 2 Bde., Oxford 1929

Hausherr, Irene, »Spiritual Direction in the Early Christian East«, *Cistercian Studies* 116, Kalamazoo 1990

Haussig, Hans-Wilhelm, *A History of Byzantine Civilisation*, London 1977

Home, D., »Monasteries in Cyprus«, *Eastern Churches Review*, IV, 1972

Hopkins, Adam, *Crete: Its Past, Present and People*, London 1977

Huber, Paul, *Athos: Leben, Glaube, Kunst*, Zürich und Freiburg 1982

–, *Die Kunstschätze der Heiligen Berge: Sinai – Athos – Golgatha*, Augsburg 1987

Hunt, Dr., »Mount Athos: An Account of the Monastic Institutions and Libraries«, in: Walpole, Robert, *Memoirs Relating to European and Asiatic Turkey*, London 1817–18

Hussey, Joan M., *Church and Learning in the Byzantine Empire*, Oxford 1937

–, *The Orthodox Church in the Byzantine Empire*, Oxford 1986

Ivanka, E. V., J. Tyciak und P. Wirtz (Hrsg.), *Handbuch der Ostkirchenkunde*, Düsseldorf 1971

Janin, Raymond, *Les Eglises Orientales et les Rites Orientaux*, Paris 1925

–, »Les Eglises et Monastères de Constantinople Byzantine«, *Revue des Etudes Byzantines*, 1951

–, *Constantinople Byzantine. La Géographie Ecclésiastique de l'Empire Byzantine*, Teil I, iii, *Les Eglises et les Monastères*, Paris 1953

–, *Le Siège de Constantinople et le Patriarch Oecuménique: Les Eglises et les Monastères*, Paris 1969

–, *Les Eglises et les Monastères des Grands Centres Byzantins (Bithynie, Hellespont, Latros, Galésios, Trébizonde, Athènes, Thessalonique)*, Paris 1975

John Climacus (Saint), *The Ladder of Divine Ascent*, Übers. Colm Luibheid und Norman Russell, New York 1982

Kadas, Sotiris, *Der Berg Athos. Illustrierter Führer der Klöster: Geschichte und Schätze*, Athen 1980

Kanellopoulos, Panajotis, *Mistra. »Das byzantinische Pompeji«*, München/Ahrbeck 1962

Karlin-Hayter, Patricia, »Preparing the Data from Mount Athos for use with Modern Demographic Techniques«, *Byzantion* 48, 1978

Kazhdan, Alexander P. (Hrsg.), *Oxford Dictionary of Byzantium*, 3 Bde., Oxford 1991

Kirchhoff, Kilian (Hrsg. und Übers.), *Symeon der Theologe – Licht vom Licht* (Die Hymnen), München 1951

Kollias, Elias, *Patmos: Mosaics – Wall Paintings*, Athen 1990

Kominis, Athanasios D. (Hrsg.), *Patmos, Treasures of the Monastery*, Athen 1988
Kidd, B. J., *The Churches of Eastern Christiandom*, London 1927
Lacarrière, Jacques, *L'Eté Grec*, Paris 1975
Lake, Kirsopp, *Early Days of Monasticism on Mount Athos*, Oxford 1909
Lancaster, Osbert, *Sailing to Byzantium, an architectural companion*, London 1969
Langlois, Victor, *Le Mont Athos et ses monastères*, Paris 1867
Leake, W. M., *Travels in Northern Greece*, London 1835
Loch, Sydney, *Athos: The Holy Mountain*, London 1957
Lohse, Bernhard, *Askese und Mönchtum in der Antike und in der alten Kirche*, München/Wien 1969
Longford, Elizabeth, *Byron's Greece*, London 1975
Loverdo, C. de, *J'ai été Moine au Mont Athos*, Paris 1956
Mango, Cyril, *Byzantinische Architektur*, Stuttgart 1975
McGann, Jerome J. (Hrsg.), *Lord Byron: The Complete Poetical Works*, Bd. 1, Oxford 1980
McGrew, William W., *Land and Revolution in Modern Greece, 1800–1881: The Transition in the Tenure and Exploitation of the Land from Ottoman Rule to Independence*, Ohio 1985
McManners, John (Hrsg.), *The Oxford Illustrated History of Christianity*, Oxford 1990
Mantzaridis, G., »New Statistical Data Concerning the Monks of Mount Athos«, *Social Compass*, 22, 1975, und *Eastern Churches Review*, 5, 1973 und 7, 1975
Marin, L'abbé, *Les moines de Constantinople depuis la fondation de la ville jusqu'à la mort de Photius (330–898)*, Paris 1897
Mathews, T. F., *The Early Churches of Constantinople: Architecture and Liturgy*, Philadelphia 1971
Maximos, Father, *Human Rights on Mount Athos: An Appeal to the Civilized World*, Welshpool 1991
Mendieta, Emmanuel Amande de, *Mount Athos: The Garden of the Panaghia*, Berlin 1972
Millet, Gabriel, *Le monastère de Daphni, histoire, architecture, mosaïques*, Paris 1898
–, *Monuments byzantins de Mistra*, Paris 1910
–, *Les Monuments de l'Athos*, Paris 1927
Mylonas, P. M., »Le plan initial du catholicon de la Grande-Lavra au Mont-Athos et la genèse du type du catholicon athonite«, *Cahiers Archéologiques*, 32, 1984, S. 89–112
–, »La trapeza de la Grande Laura au Mont Athos«, *Cahiers Archéologiques*, 35, 1987, S. 143–157
Neale, Revd. John Mason, *A History of the Holy Eastern Church*, o. O. 1850
Nicol, Donald M., *Meteors. The Rock Monasteries of Thessaly*, London 1963
–, »A Layman's Ministry in the Byzantine Church: The Life of Athanasios of the Great Meteoron«, *Studies in Church History*, 26, 1989, S. 141–154
–, *The Last Centuries of Byzantium, 1261–1453*, London 1972
Noret, Jacques, »La vie la plus ancienne d'Athanase l'Athonite confronté à d'autres vies de Saints«, *Analecta Bollandiana*, Bd. 103, 1985
North, Richard, »Highly Unorthodox Behavior«, *World Magazine*, Januar 1991
Norwich, John Julius, *Byzantium: The Early Centuries*, London 1988
–, *Byzantium: The Apogee*, London 1991
–, und Reresby Sitwell, *Mount Athos*, London 1966
Obolensky, Dimitri, *The Byzantine Commonwealth: Eastern Europe 500–1453*, London 1971
Ostrogorsky, Georg, *Geschichte des byzantinischen Staates*, München 1965
Papachryssanthou, Denise, »La vie Monastique dans les Campagnes Byzantins du VIIIe au XIe siècle«, *Byzantion*, 43, 1973, S. 158–180
–, »La Vie Ancienne de Saint Pierre L'Athonite«, Analecta Bollandiana, 92, 1974, S. 19–61
–, *Actes du Protaton, Archives de l'Athos*, Paris 1975
Papadakis, A., »Byzantine Monasticism Reconsidered«, *Byzantine Studies*, 47, 1986, S. 34–46
Papadopoulos, Stelios A., *Stavronikita Monastery: History, Icons, Embroideries*, Athen 1974
–, *The Monastery of Saint John the Theologian*, Patmos 1987
Papadopoulos, T. H., *Studies and Documents relating to the History of the Greek Church and People under Turkish Domination*, Brüssel 1952
Pargoire, J., »Les monastères doubles chez les Byzantins«, *Echos D'Orient*, Bd. 9, 1906, S. 21–25
Pelekanides, S. M. et al., *The Treasures of Mount Athos: Illuminated Manuscripts*, 3 Bde., Athen 1973–1979
Perilla, F., *Le Mont-Athos*, Paris 1928
Petit, L., »La grande controverse des colyves«, *Echos D'Orient*, Bd. 2, 1898/99
Previte-Orton, C. W., *Shorter Cambridge Medieval History*, Bd. 1: *The Later Roman Empire in the Twelfth Century*, Cambridge 1962
Quinet, Edgar, *La Grèce Moderne*, Paris 1830
Rice, David Talbot, *Kunst aus Byzanz*, München 1959
–, *The Appreciation of Byzantine Art*, Oxford 1972
Riley, Athelstan, *Athos, or the Mountain of the Monks*, London 1887
Ringrose, Kathryn M., »Monks and Society in Iconoclastic Byzantium«, *Byzantine Studies*, 6, 1979
Rinvolucri, Mario, *Anatomy of a Church: Greek Orthodoxy Today*, London 1966
Robertson, Ronald G., *The Eastern Christian Churches: A Brief Survey*, 3. Aufl., Rom 1990
Robinson, N. F., *Monasticism in the Orthodox Churches*, London 1916
Runciman, Steven, *Byzantine Civilization*, London 1933
–, *Die Eroberung von Konstantinopel*, München 1966
–, *Das Patriarchat von Konstantinopel vom Vorabend der türkischen Eroberung bis zum griechischen Unabhängigkeitskrieg*, München 1970
–, *Mistra: Byzantine Capital of the Peloponnes*, London 1980
Rycant, Sir Paul, *The Present State of the Greek and Armenian Churches, Anno Christo 1678*, London 1679

Salaville, S., »La vie monastique grecque au début du XIVème siècle d'après un discours inédit de Théolepte de Philadelphia«, *Etudes Byzantines*, 2, 1944, S. 119 bis 125
Schiwietz, Stephan, *Das morgenländische Mönchtum*, 3 Bde., Mainz 1904–1913 (Bde. 1, 2) und Mödling bei Wien (Bd. 3) 1938
Schultz, Robert Weir, und Sidney Howard Barnsley, *The Monastery of Saint Luke of Stiris, in Phocis, and the Dependent Monastery of Saint Nicolas in the Fields, near Skripou, in Boetia*, London 1901
Sevcenko, I., »Nicolas Cabasilas's ›Anti-Zealot‹ Discourse: A Reinterpretation«, *Dumbarton Oaks Papers* 11, Cambridge, Mass. 1957
Sherrard, Philip, *The Greek East and the Latin West*, London 1959
–, *Athos: The Holy Mountain*, London 1960
–, »The Paths of Athos«, *Eastern Churches Review*, 8, 1976; 9, 1977
–, *Byzanz. Kaisertum zwischen Europa und Asien*, Reinbek 1972
Sophrony, Archimandrit, *St. Silouan the Athonite*, Tolleshunt Knights, 1991
Sotiriou, George, »Les Météores, ›qui planent entre ciel et terre‹«, *UNESCO Courrier*, 8, 1955, H. 5, S.4–8
Spitzing, Günter, *Athos. Der Heilige Berg des östlichen Christentums*, Köln 1990
Spunda, Franz, *Legenden und Fresken vom Berg Athos*, Stuttgart 1962
Stanley, Arthur Penrhyn, *Lectures on the History of the Eastern Church*, London 1924
Stone, Tom, *Patmos*, Athen 1981
Tachiaos, Anthony-Emil N. (Hrsg.), *Mount Athos and the European Community*, Thessaloniki 1993
Tafrali, O., *Thessalonique au quatorzième siècle*, Paris 1913
Talbot, A. M., »An Introduction to Byzantine Monasticism«, *Illinois Classical Studies*, 12, 1987, S. 229 bis 241
Theocharides, Ploutarchos, Foundas, Pandelis und Stefanou, Stergios, *Mount Athos: Greek Traditional Architecture*, Athen 1992
Tougard, A., »La persécution iconoclaste d'après la correspondence du saint Théodore Studite«, *Revue des Questions Historiques*, Paris, Juli 1891
Tozer, Revd. Henry Fanshawe, *Researches in the Highlands of Turkey including Visits to Mounts Ida, Athos, Olympus and Pelion, to the Mirdite Albanians, and other Remote Tribes; with Notes on the Ballads, Tales and Classical Superstitions of the Modern Greek*, London 1869
Trone, Robert H., »A Constantinopolitan Double Monastery of the Fourteenth Century: The Philanthropic Saviour«, *Byzantine Studies*, 10, 1983
Turner, William, *Journal of a Tour in the Levant*, 3 Bde., London 1820
Vogue, Eugène-Melchior de, *Syrie, Palestine, Mont Athos. Voyage aux Pays du Passé*, Paris 1876
Volbach, Wolfgang Fritz, und Jacqueline Lafontaine-Dosogne, *Byzanz und der christliche Osten* (Propyläen Kunstgeschichte 3), Berlin 1968
Vryonis, Spiros, *Byzantium and Europe*, London 1967
Waddington, George (Dean of Durham), *A Visit to Greece in 1823 und 1824*, London 1825
–, *The Present Condition of the Greek or Oriental Church: With some Letters written from the Convent of the Strophades*, London 1829
–, *The Condition and Prospects of the Greek or Oriental Church*, London 1854
Walpole, Robert, *Memoirs Relating to European and Asiatic Turkey*, London 1817/18
Ward, Benedicta (Übers.), *The Sayings of the Desert Fathers. The Alphabetical Collection*, London/Oxford 1981
Ware, Kallistos, »The Church: A Time of Transition«, in: Clogg, Richard (Hrsg.), *Greece in the 1980s*, London 1983
Ware, Timothy, *The Orthodox Church*, London 1963
–, *Eustratios Argenti: A Study of the Greek Church under Turkish Rule*, Oxford 1964
Wessel, K. und M. Testle (Hrsg.), *Reallexikon zur byzantinischen Kunst*, 4 Bde., Stuttgart 1966 ff.
Wheeler, Sir George, *An Account of the Churches … of the Primitive Christians, from the churches of Tyre, Jerusalem and Constantinople…*, London 1689
Wheeler, Sara, *An Island Apart*, London 1992
Wilberg, R. G., *A Handbook for Travellers in Greece*, London 1872
Williams, G., *The Orthodox Church of the East in the Eighteenth Century*, London 1868
Woodhouse, C. M., *The Greek War of Indepencence, its historical setting*, London 1952
Wyrwoll, Nikolaus (Hrsg.), *Orthodoxia 1992–1993*, Regensburg 1992
Zakythinos, D. A., *Le despotat grec de Morée. Vie et Institutions*, Paris 1953, S. 295–309
Zernov, Nicolas, *Eastern Christendom: A Study of the Origin and Development of the Eastern Orthodox Church*, London 1961

Register

Kursive Seitenzahlen verweisen auf Bildlegenden